聖嚴法師◎著

覺情書

聖嚴法師談世間情

編者序

「情」是什麼？對於有情世界的探索，始終是古今中外文學作品的重要主題，無論是家庭親子的親情、同儕朋友的友情，或是男女之間的愛情，甚至人際之間的相處，都令人玩味再三。甘甜美好的情感，可以使生命繽紛多彩；而仇恨悲苦的情感，就像風雲起伏般陰晴難測，往往人生轉折就在一念之間。

當我們敞開心胸去覺察、去感受時，人間處處皆有情，我們應該如何去面對世間情，而不為世間情所役使？聖嚴法師在書中提出：「山不轉路要轉，路不轉人要轉，人不能轉則心念要轉」、「經營家庭不需要去計較自己付出多少，只要自己奉獻得愉快，也覺得幸福，就足夠了」、「情緒是要化解、調節，而不是發洩」等觀念，這些從生活體察中淬煉出來的智慧法語，在字裡行間俯拾皆是。

此外，聖嚴法師也針對我們生活及情感上的諸多疑難，例如：「情」一定是苦的嗎？什麼才是真正的愛情？如何才能做好情緒管理？父母的「望子成龍，望女成鳳」心態等問題，運用佛法的智慧，提出了實用的解答與超越有情煩惱的人生新視野。

書中七十八則問答，內容涵蓋自我情緒、親情、愛情、友情、兩性等方面，法師的解答宛如一帖帖的心靈良方，引領我們在面對世間各式各樣的情感時，激盪出不一樣的生命態度。這部「覺情書」，能讓我們走出生命的層層疑惑，不再為情所困。

法鼓文化編輯部

目次

與自己 對話

情緒的本質

問：佛經裡稱眾生為「有情」，人的情緒很容易受到外界事物的影響，真的是因為人有情緒，所以才被稱為「有情」嗎？

答：眾生皆「有情」，有情眾生都是有情緒的。人因為有思想、會記憶，除了考慮當下的問題，還會想到過去的狀況。此外，人也會想像，會對未來進行揣測，因此情緒的狀態比較豐富。

就像有人失戀或是失去愛人時會覺得很痛苦；或是單相思，單方面想像著要追求的對象是這麼完美，費盡千辛萬苦也要把對方追到手。像這樣的情緒始終牽掛著，怎麼都放不下。

除了感情，其他如事業、家庭、健康及生活上所造成的失眠、憂鬱症、躁鬱症等，還有心理方面的因素，也都可能引起情緒上的波動，這些問題也就成為人的一種情緒病症。

問：情緒的本質是什麼？是什麼原因使得情緒常有起伏？

答：情緒的本質是自我的追求，也是自我的安全及喜好，是圍繞著自我中心而產生的一種執著心。因為沒有安全感，或是希望得到更多的安全感，就產生了情緒。此外，自卑或是因自卑而產生的自傲，也是一種情緒。無論從什麼角度來看，所有的情緒都是圍繞著自我中心的。

就像佛法裡講的，我貪、我瞋、我癡、我慢、我疑等種種的「我」，這些都是圍繞著自我中心而產生，如果放下自我中心，就不會有情緒。

任何眾生都有自我，但是人的自我意識比其他的動物強，其他的眾生只會在事情發生的當下，以本能保護自己求生存，而人除了保護自己、保護家族，還會保護名譽，甚至維護死後的名譽。這些圍繞著自我中心的要求會跟環境起衝突、與人發生爭執，甚至產生自我矛盾的情況，情緒也就因此產生了。

問：請問「情」一定是苦的嗎？

答：「情」是圍繞著自私的自我中心發展出來的，所有一切的「情」，無論哪一種都是苦中有樂，而且苦多樂少。苦，是開始、結束都苦；樂，則只是偶爾出現一下。大家常為了追求短暫的樂，便一直苦下去。我們要知道，苦中作樂、以苦為樂、先苦後樂、先樂後苦等情況，都說明了苦和樂一定是連在一起的。

無論苦的磨難或樂的享受都是情緒，因為樂很短暫而苦的時間比較長，因此，只要跟「情」牽連在一起，多半是苦的。

我們看到許多賺人熱淚的戲劇，如《梁山伯與祝英台》、《羅密歐與茱麗葉》等，這些劇情都非常淒美，既然淒美，就表示是苦多樂少，彼此之間都是苦的，樂的時候非常少，劇中人為了追求終究的樂，最後仍是以苦為果，所以是悲劇。

許多像這種以情為出發點的名作，真可說是人間的寫照，人生真正快樂的事情不多，而痛苦的事情隨時會發生，原因是什麼?是「情」。父母子女之情也是一樣，兒女就是感情的寄託，男女的愛情也是一樣，甚至非常親密的友情，也會有這種問題。所以，凡是「情」，大概都是苦的，樂是有，但很少。

所以佛說，要從「有情」而成「菩薩」，如此就成為「覺有情」了。

問：有醫學研究者認為情緒是一種身體的能量，當我們有很多情緒的時候，是不是就會減少我們的能量？

答：這必須看情緒發出的是什麼能量。我們的體能是一種能量，心力也是能量，而體能跟心力往往有互動的關係。如果體能不好，心力也不容易提起來，身體健康的時候心力比較強，身體不健康的時候心力則比較弱。

活人有體能可以影響心力，心的力量會產生影響人的力量，死去的人則沒有辦法。假使一個人的精神力量很強，也只能在生前發揮，死後力量是不存在的，一個已經沒有身體的死人不可能發揮能量。所以，情緒跟體能確實有關係。

當一個人病得連話都講不出來，是沒有辦法發脾氣的。我們會聽到有人以「爐火純青」來形容老人，這不是因為有修養，而是因為上了年紀，體能不行，即使要發脾氣也發不出來了。因為心的能量弱，沒有本錢發脾氣，要吵也吵不過人家，只好得過且過了。

一個生前非常健康的人，如果突然間死了，他的魂、靈還可以繼續用身體裡儲蓄的能量產生某種功能。而已經年老色衰的老人已經沒有體能了，如果就這麼死亡，是沒有辦法再運用身體的能量。所以，人的情緒跟體能有互相連帶的關係，如果沒有體能，情緒也不會出現。

問：既然情緒和體能相互影響，我們要如何善用？

答：脾氣很壞的人，有人會用「肝火很旺」來形容。但也有人身體很弱肝火卻很旺，這樣的人如果把身體上的能量全部耗盡後，就會面臨死亡的到來。所以，生病的人最好能夠休養，不要發脾氣或鬧情緒，否則只會死得愈快。

對於生病的人，我都跟他們說要多念阿彌陀佛、觀音菩薩，多往好處想，打開心胸不要鬧情緒，也不要憂慮擔心，更不要太執著自己的身體。反正有了病，就面對事實、接受事實，還是好好的靜養，該看醫生就看醫生，這樣活著的時間就會比較長一點，能量也不會消耗得那麼快。

有的人得了癌症，知道活不久了，就拚命用他的能量做這做那，好像想把這一生中要做的事情在幾個月之內全部做完，結果只會更快抵達生命的盡頭。所以，還是要細水長流慢慢的來，這樣就可以活長一點。如果一下子把能量用完了，那體能沒有了，心力也就沒有了。

所以，情緒最好能控制、管理。不管理、不控制、不珍惜情緒能量的話，那就麻煩了。

如何管理好情緒

問：從醫學和心理學來看情緒，它是自然反應，那麼佛法是怎麼看待的呢？

答：情緒可分為健康的和不健康的情緒。所謂健康的情緒，就是享受、欣賞、歡愉，這是一種快樂的感覺，也就是賞心樂事。

通常若有人說到：「你有情緒啊！」這多半是指不健康的情緒，包括怒、怨、恨，或是討厭、疲倦等都是。因為不健康，所以會傷害自己的身體和心靈，身心受了影響便會影響到家庭、事業，甚至跟朋友之間相處的關係。

凡是以自我中心出發的，都叫做情緒。人為什麼要做好事？大家總是希望善有善報、惡有惡報，希望做好事以後可以得到回報、可以升天，能夠在人間享洪福，這些希望都算是人的情緒。

從佛法的觀點來講，有造惡的情緒，也有修善的情緒。上述這些做法與觀念，對一般人而言是好的，但是以佛教的立場，福享完了以後還是會受苦，並不是徹底的解脫。最好還是能從自我中心得到解放，得解脫之後就沒有情緒，只有智慧和慈悲了。

問：情緒有能量，是否可以轉負面的情緒能量成正面的？

答：情緒能量是可以轉化的。在佛法裡面有一個名詞叫做「精進」，還有一個關於參禪者的名詞，叫做「大憤心」，也就是大憤怒心。大憤怒心是發憤圖強的意思，「憤」也可以作「奮」，即是奮鬥、精進的意思，是指痛下決心，自己非得要完成不可，這本身是一種情緒，但這個情緒是正面的，是往好的方面去發展。

如果一個人沒有「發憤圖強」這種意志力的情緒來支撐，做任何事情都會半途而廢，都可能虎頭蛇尾、淺嚐即止，不可能把一樁大事完成，也不可能有始有終，所以人還是需要有正面的情緒。

然而正面的情緒還是自我中心，仍是以「我」為出發點想要完成某件事。至於想要成佛，就必須要有精進心。事實上，精進心是一種淨化了的情緒，它不傷害人也不傷害己，只是在修行的路上一直往前走，好像是一種能源、能量，如果沒有這種能量的話，修行就修不成了。

所以佛又稱大雄、大力、大慈悲，能夠得大解脫。大解脫即是大智慧，這個「大」的意思，就是從精進心產生的。

問：法師說我們有造惡的情緒，也有修善的情緒，那「精進心」就是修善的情緒嗎？

答：修善的「善」有兩種，一種是自我中心的修善，一種則是為眾生的修善。為眾生的是慈悲，為自己的則是以自私心修善。

若是希望以後得到回饋，以種瓜得瓜、種豆得豆的心態來行善，這是自我中心的善，希望得到利益，這算是好事，一般來說我們也鼓勵。

另外一種善是絕對的善，也就是超越自我中心的善，心中只有眾生沒有自我，願意為眾生而受苦受難。這種善是清淨的善，我們稱為「慈悲」，稱為「菩提心」。

問：當情緒正在醞釀但還沒有升起時，有沒有方法察覺，並且化解？

答：這很不容易！有修行的人比較可能做得到。所以平常要練習打坐或是靜坐，透過這樣的修煉，能夠覺察自己的心理反應。

通常，人沒有辦法發現自己的心理反應，當覺察到心理出現某種反應，還不知道這就是情緒。還有一種是自己心裡已經不舒服了，即使嘴上沒說，臉上可能已經有表情了！對於這些情緒，是可以用方法來避免爆發的。

面對這種狀況，最好的方法是體驗呼吸，覺察呼吸從鼻孔出和入的感覺，或者用念佛號的方式來改善。聽到一句令自己不快樂的話、見到一件不喜歡的事，或發生了一樁不幸的事件，就念「阿彌陀佛」！不要只是念一句，要持續不斷地念下去，這樣自然而然就能夠化解情緒了。

當知道自己心裡不舒服，藉由不斷誦念「阿彌陀佛」或「觀音菩薩」來化解，是很有幫助的，聽著自己念阿彌陀佛，想像阿彌陀佛就在面前，這樣，情緒自然而然就會平復下來。至於其他的宗教如基督教，則可以念「哈利路亞」。

當問題來了，不要用脾氣來解決，而是要用理性來解決，以這樣的方式訓練自己、幫助自己，讓自己安靜下來，就可以把事情處理得更加圓滿。

問：常有人因自責而顯得情緒不穩，這也可以用轉念的方式轉化嗎？佛法可不可以幫得上忙？

答：自責性的情緒比被他人刺激而受到的傷害更大！因為他人刺激而產生的情緒，可以找地方發洩，或是找到理由來化解，但自責性的情緒則會悶在心裡，不容易發洩出來，也不容易化解。

譬如一個女人如果動過幾次人工流產手術，對於被墮胎的胎兒充滿自責，遇到什麼不如意的事就聯想到是因為流產的關係，那些死去的胎兒來向她討債報仇，而她又不能恨那些孩子，只好深深自責，因此就有像「嬰靈作祟」這種傳說、信仰出現。

一般說來，自責性的情緒很不容易化解，而且會持續很久，甚至一輩子！這類的人一想到犯錯的地方，情緒馬上進入低潮，不知道該怎麼處理，有時候甚至伴隨著恐懼，恐懼自己還會犯錯，或是那個錯誤永遠無法彌補，不知道該怎麼辦，因而走投無路。

像這種情緒，心理醫生也不一定能夠解決，唯有使用佛法的觀念，用佛法修行的方法來幫助他。佛法的觀念，就是告訴自己當時是愚癡的，讓自己心生慚愧來懺悔，並求改過遷善，希望能夠多做一些有益社會的事，用有生之年廣結善緣，這樣心裡就會比較安定，情緒也就漸漸能化解了。至於修行的方法，則是多念佛、多做好事、多結善緣，也就是將功贖罪。如何彌補既成事實的過失？只有多做好事。

問：不好的情緒能不能經由轉化、昇華，而變成好的動力？

答：基督教認為人一出生就有罪，罪人犯罪做錯事，自己做不了主，只有信主，信了主以後，這個罪將由主承擔，原罪便沒有了。現實生活中犯的錯誤，也要向神懺悔，透過這種方式，幫助自己從情緒中走出來。

對佛教徒而言，不好的情緒則是透過懺悔來轉變，懺悔以後重新出發，做一個對他人有益的人，藉由閱讀佛經、拜懺、誦經，或念佛共修、做義工等，都可以轉變自己的念頭，而情緒也就會轉過來。

一個本來壞的情緒，因為觀念的轉變，連生活方式也會轉變，變成好的力量，成為修行的動力、修道的助力，這也可以說是逆增上緣了。

俗話說「浪子回頭金不換」，浪子本來是專做壞事的，可是當他觀念轉變，人生方向改變了，人生的步調也會跟著改變。所以，將不好的情緒力量轉化成好的修行力量，是很好的轉變！

問：聽到「老僧入定」這句話時，心裡很好奇，修行多年的人真的可以做到「八風吹不動」嗎？

答：所謂「老僧入定」，是指在定中不會有情緒，但是在平常生活裡可能還是會有情緒，不過這個情緒不會浮動。一個有修行的老僧，在情緒還沒有浮動之前，他心裡已經有感覺了，當有了感覺，他會用方法不讓情緒浮動。

事情不公平也好、公平也好，無論怎麼刺激，修行的高僧會用方法與觀念來轉變、調整自己。因此從表面上看，老僧爐火純青，是看不出情緒的。

但他們有沒有情緒呢？可能還是有，但是情緒已經不會傷害自己，也不會傷害他人，不會脫口罵三字經，也不會動不動就表現出憤怒的模樣，這種應該就是有修養的人。

但是，有時在必要的時候，老僧也必須表現出憤怒相，可是當下他的內心並沒有憤怒，目的只是為了使眾生的情緒能夠冷靜，愚癡能夠開朗，就是所謂「當頭棒喝」。這有可能是一種方便法，他的內心不會有情緒。我也看過有這種老僧，罵徒弟罵得好兇，轉過臉來卻是慈祥的，一點也沒有生氣，這就是他的一種表現方式，並不一定是內心有什麼大的情緒。

調伏與轉化

問：情緒沒有了，便能產生智慧和慈悲，能不能說有了智慧和慈悲，就懂得如何控制和安撫情緒？

答：要安撫自己的情緒很不容易，如果情緒已經升起，要再設法安撫下來是相當困難的。這時候，只有想辦法趕快脫離使自己產生情緒的環境，遠離不舒服的狀況，讓心安靜下來，保持頭腦冷靜，慢慢地情緒就會穩定下來。如果不趕快迴避，就不容易按捺住已升起的情緒。

面對不同於平常的狀況，如果會使自己痛苦、興奮或是忿怒，此時最好的方式就是遠離當下的情況。若與人發生爭執，正在氣頭上的雙方都覺得自己有理而繼續爭吵，此時勸架的人無論如何得要拉開雙方，讓彼此聽不到叫罵聲、看不到表情，等雙方都冷靜下來，情緒就安定了。

所以，衝突發生的時候，最好有第三者來勸一勸，如果自己有智慧，不妨先道歉，說聲：「對不起，我相信你有理，不過我也有點不高興，現在我們都在生氣，有理也說不清，能不能等一會兒彼此冷靜下來之後，大家再好好談。」如果能這樣處理問題，會比較好。

問：一般人並不懂得管理、控制情緒的方法，請法師告訴我們，如何才能做好情緒管理。

答：對於情緒，最好能夠化解、融化，我們講消融情緒，而不要控制情緒。控制情緒是指有情緒卻不讓它發出來，拚命地彆住，彆久了就會爆炸，爆炸的時候可能發瘋、發狂，發生傷害自己也傷害他人的事。這就好像鍋子裡面裝滿了水，在下面加熱讓整鍋水沸騰，上面卻還用蓋子緊緊蓋起來，這樣不讓熱氣散發出來，鍋爐可能會爆炸。所以，一定要採用疏導的方式，讓它有發洩的地方。

而消融情緒的方法有二種，一是發洩情緒，另一是疏導情緒。疏導是讓情緒有個柔和的出口，而這個出口是用來化解情緒，並不是讓情緒爆發出來。

至於怎麼化解呢？我經常告訴大家，不要只是眼睛老是看著、耳朵老是聽著、心裡老是想著，而要趕快脫離讓自己產生情緒的情境，然後藉由念佛、數息或打坐、拜佛來分散、移開自己的注意力。這樣就是在化解情緒，而不是控制情緒。

問：許多人因事情不能如願，壓力得不到紓解，情緒一升上來便走向不理智的絕路，遇到這樣的人該如何勸解？

答：在情緒快爆發的當下要趕緊轉念，退一步海闊天空，應理性的看待與解決眼前的困境。我經常說：「山不轉路要轉，路不轉人要轉，人不能轉則心念要轉。」也就是說，心裡不要老覺得某樁事非得怎麼樣不可，如此一來，心就能轉變了。

譬如說失戀的人中，為什麼會有人自殺、殺人，做出如此激烈的手段？就是因為心裡想著：「非得到對方不可，得不到我就死。」或者是自己得不到對方，天下人休想得到，把對方毀掉以後也自毀。這就是玉石俱焚，完全沒有轉圜的餘地。

如果能轉過念頭來，才能自利利人、自救救人，也就能海闊天空！大家都會講懸崖勒馬、回頭是岸，可是當情緒真正來的時候，懸崖勒馬的很少，回頭是岸的也很少，沒有回頭的想法，一直往前走，那就是走死路！

因此，情緒來的時候，最好有朋友幫忙，要是朋友不多，也不知道什麼時候會有情緒，最好平常自己多下一點工夫。「做工夫」的意思就是，平常對任何事都要往好處去解讀，做個阿Q也不錯。雖然阿Q心態是愚癡的、是不好的，但是讓自己有歷練的機會，並把經驗、教訓，當作是繳學費。

繳了學費以後，下次會更有智慧，讓自己能夠解決或處理類似的麻煩問題，或是又遇到這種問題時，自己不會再陷進去。這麼做就是退一步想，也是轉念頭，山不轉路轉，路不轉人轉，人不轉的時候，只要心轉過來，那勝路就在面前了。

問：只要時常以好的念頭取代壞的念頭，就可以把情緒管理得更加圓滿嗎？

答：情緒不一定是壞念頭，有的時候它只是希望達成某個目標，本來是好念頭，但因為遇到阻礙和不順心的事，所以產生了情緒、變得不快樂。這種情緒產生以後，多半的人還覺得自己是對的，如果自認為是錯的，它不會變成情緒，就因為自認為是對的，所以才沒辦法壓抑情緒。

在這種狀況下，只有這麼想：自己做的事情雖然是對的，但因緣不具足。自己雖有能力掌控自我不受傷害，但是沒有辦法掌控外在因緣所產生的變化，此時只好繼續往另外一個方向去努力。既然這條路已經走不通，那就改走別條路。如果能這樣轉念，情緒就能夠安定下來。

所以，不要認為情緒就是壞念頭，引發情緒的念頭不一定全是不好的。動機不見得是壞的，只是遇到外在狀況發生了其他現象，讓自己沒有辦法接受，於是壞情緒就出現了。這時候，剛開始的好念頭，也就會連帶受到影響而無法持續下去。此時，只有讓自己轉一個念吧！

問：在生活和工作上，經常為了競爭和比較而感到不公平，當自我無法撫平情緒時，要如何調整自己？

答：不公平是當下的感覺，想找到原因並不容易。在現實上，不平的事情太多了！

人與人之間是不平等的，連十個手指頭也不會一樣長，同在一個屋簷下吃大鍋飯，有人吃得多、有人吃得少，而食量大的人工作量不一定大，工作品質也不一定好。同一個團體裡，工作時數多的人工作品質不見得好，表現好的人也不見得受到老闆的重視或歡喜，甚至陞官發財都可能是工作效率差的人，這些都是不公平的現象。

一個家庭裡父母對待孩子們也沒有辦法完全平等，因為孩子各有各的需求，父母應該恰到好處的滿足他們的需求。沒有需求的小孩給了他，有需求的小孩卻不給他，這就不對。譬如有的小孩常生病，有的小孩身體很好，父母對於身體較弱的小孩，照顧的時間一定比較多、疼惜也比較多，對於身體健康的小孩，則照顧得比較少。

這樣會不會不公平？事實上，這世界上沒有真正的平等。因此，我們要從另外一個角度來思考，不公平自有它的原因，當從事情的原委來看整件事的時候，它本身其實是公平的。譬如有病的人多吃藥，健保公司就多花點錢，沒有病的人少吃藥、少看病，享受健保的福利少了，但是照樣要出錢。請問，哪一個是公平，哪一個是不公平？看看自己是願意生病，還是希望健康一點好呢？

所以，公平與不公平之間很難說得清楚，不公平多是從主觀的立場來看，我們若能看到各別個體的本身，並從他們的立場來看，就是公平的。

問：情緒會造成集體激動的行為，當大眾情緒不斷醞釀到爆發的時候，沸騰的情勢往往使人失去理智。針對這種現象，法師有什麼建議？

答：群眾的情緒跟嬰兒的情緒差不多，這個時候只會有一種現象：大家跟著激動的情緒轉，轉著、轉著，情緒也跟著沸騰，沒有停下來給自己深思熟慮的機會。

群眾運動中，大家的情緒都是一窩蜂的，當下大家都說好，自己也跟著叫好，如果大家都說不好，自己想也不想就跟著說不好。這樣做，不僅沒有個人思考的空間，也沒辦法冷靜下來理性分析。

所以，站在安定情緒的立場來講，若能夠不參加群眾運動，最好不要參加。不過，有的時候為了改變社會，是需要有群眾運動，否則不容易改變。但是在參加群眾運動的時候，為了要掌控自己的情緒，需要不斷的提醒自己說：「我的情緒不要被群眾運動所籠罩、所困擾；我只是參與這個活動，讓大家覺得這件事情是正確的，至於自己還是要保持清醒，不會被群眾的情緒所干擾。」能夠做到這樣，是很不容易的。

問：對一般人來說，要怎麼做，才能讓情緒對生命產生正面的利益？

答：這需要反省的能力。假如有反省的能力，可以看到自己有情緒，然後覺得慚愧，就要馬上懺悔。

然而，要有反省的能力需要先有觀照的能力，而觀照的能力一定要以靜坐或禪修的工夫作為基礎。有了靜坐、禪修的功夫之後，才能觀照到自己有情緒。但僅僅是這樣，工夫還不夠深，還是會有情緒，只是在脾氣爆發時可以馬上說：「對不起！很慚愧。」但能做到這樣，就已經有觀照和反省的能力了。

譬如父母對待子女，時常按捺不住情緒就破口大罵，罵完之後反省自己，便對孩子說：「對不起，孩子，我這個做媽媽的很愚癡，不應該生氣，請你原諒！」因心情不好而開口罵人的家長，如果有反省能力，孩子也不會痛苦。

可是，如果這種情況經常發生，即使打罵了孩子以後說「對不起」，仍然是沒有自制的能力，也就是沒有修養了。他道歉的目的，只是在打過以後希望孩子不要生氣，但是家長自己仍氣得要命，這並不可取。老是發脾氣，在道歉後卻不知反省改過，這個人還是沒有觀照能力的。

平等的兩性關係

經典中的兩性觀

問：有一民間傳說，人因為少修行五百年，才會變成女生。這是不是說女性在本質上、智慧上或是修行的成就上比男性差？

答：這是重男輕女的社會背景下出現的一種觀念，原始佛經裡並沒有這樣的說法，雖然後期的經典中有提到，但釋迦牟尼佛不曾這樣說過，無論如何，這麼說都是不合理的。

而且我們可以看到，平常會到寺院燒香拜佛、發心供養布施，甚至會在寺院或家中念佛誦經的，多半是女性。所以，應該說女性的善根比男性更深一點。

過去以男性為主流的封建社會裡，女性確實受到歧視。無論是我們漢民族，或是中東的伊斯蘭教民族，通常一個男人可以娶三妻四妾，在這樣的社會當中，女性是委屈的。

這是社會現象上看到的不公平，不過並不表示女性的本質就比男性差。

問：古代的經典裡，有沒有重男輕女的教義？

答：伊斯蘭教《可蘭經》允許一個男人可以有一個以上的太太，這是因為經文裡規定，如果女人沒有人照顧，男人就要負責。過去因為戰爭的關係，家庭中的父親、丈夫去世了，留下來的女人失去依靠，就把她們交給其他男人來照顧，所以才會有幾個女人嫁給一個男人的現象。因此經典的本意是為了照顧女性、保護女性，只不過後來隨著社會改變，漸漸失去原本的意義。

而在原始佛經裡也沒有重男輕女的說法，會有這種觀念，是後來的社會環境所造成，讓女人覺得自己是脆弱的、罪惡的，而讓女性遭受不平等的待遇。既然佛經裡沒有重男輕女的說法，如今得知佛陀的真義，世間人就不能再有這種錯誤的認知了！

問：雖然佛陀強調眾生平等，可是為什麼在佛教的制度裡，男眾出家可以「七進七出」，女眾出家卻只有一次的機會？

答：佛教從釋迦牟尼佛時代到涅槃後的一百多年間，稱為原始佛教或根本佛教，後來則進入小乘佛教，也就是部派佛教時代。

在釋迦牟尼佛的時代，佛教只在恆河的中游流傳，並沒有傳得很遠。進入部派佛教以後，佛教漸漸傳布到印度各地，在偏遠的地方由於風俗環境與印度中土不同，所以在戒律方面就會有一些出入，在風俗習慣上也會有所不同。

部派佛教時代，據說有二十多個部派，也就是有二十多個宗派，這些宗派都不在同一個區域。原則上，每一個宗派都有他們自己流傳下來的戒律，二十個宗派就有二十種戒律，雖然原始的戒律是同一部，但分布到不同地方之後，因為各地使用的語言不同，在不同的環境傳抄之下，漸漸演變成了當地部派的戒律。

後來傳到中國的有五個部派的戒律，其中一種便提到男女眾出家的問題，說明男眾出家可以有七次還俗的機會，也就是六次還俗後還可以第七次出家，女眾則只能出家一次，如果還俗就不能再回到僧團。但這僅是一個部派的說法，並不是每一個部派的戒律都這樣規定。我不知道在原始佛教的時代，有沒有男女眾出家條件不同的規定。

在釋迦牟尼佛的時代，戒律會因人、因時、因事而修正改變，經過不斷地修正，甚至到釋迦牟尼佛即將涅槃時，戒律還在改變。這是因為視當時的狀況，某條戒律需要改變時就修正，所以，直到釋迦牟尼佛涅槃之後，戒律還沒有修訂完成。

然而，釋迦牟尼佛涅槃以後，沒有人敢代為修訂戒律。因為戒律不是大家共同討論制定的法令，而是釋迦牟尼佛制定的，所以只有繼續傳看經典。因此，雖然只有一個部派這樣規定，但我們確實看到了這條戒律，於是便遵守下來了。

至於為什麼會有這樣一條規定？很可能是在某個時空環境裡，女性的地位特別低，而且很容易出家，而男性因為地位高，要出家不是那麼容易。那個部派如此規定的原因，或許是當時的女性雖然受到壓迫，但也受到保護，如果女性能來來回回的出家七次，那僧團裡的女眾就太多了。戒律裡規定，男眾有權、有義務保護女性出家眾，如果女性太多，還要男眾去保護她們，比例上就會照顧不來。

因為男性出家的少，所以要鼓勵他們出家，還俗了以後可以再出家。如果不讓他們再出家，男性出家眾會愈來愈少，女性出家眾就沒有人保護了！在我的認知上，這個規定是這樣形成的。所以，我們看到任何事情，不要先強調公平或不公平，而應追究當時的社會背景和它形成的原因。

問：《法華經》說：「是法住法位，世間相常住。」這是佛教對平等的詮釋嗎？

答：佛法講的「法住法位」是說，每一法，法法平等，都應該有其位置。

但是，你有你的位置，他有他的位置，這個位置不可能完全相同。坐在前面、後面、上面、下面，左邊、右邊或中間，都是不相同的，最中間只有一個位置，不可能因為要求平等，便讓大家都坐在中間同一個位置，那社會就沒有秩序了！所以，各司其職、各守其分、彼此尊重，這就是平等。

現在社會已經全球化，所注重的不僅僅是性別，更是人類共同的平等，而平等的意思是權利的平等，並不是能力的平等。權利絕對是平等的，但是在公平合理的競爭以後，自然而然各有其位。

新時代女性

問：有人說「大女人主義」是為了對抗「沙文主義」的大男人而衍生的，在性別觀點和議題上採取絕對的自主權，這樣的主張正確嗎？

答：有句話叫做物極必反。當大男人主義發展到某種程度之後，由於時代環境變了，觀念也跟著改變，女性產生了自覺，覺得受到壓迫，便開始爭取女性的地位，因此有了女性主義。

而女性主義者的出現，往往有其成長背景、家庭背景和社會背景，東西方皆然。

意識非常強烈的女性主義者，除非遇到願意配合的男性，並承認女性是偉大的，或者需要倚靠女性才能生活，那麼這個男性就願意做她的附屬品，可以跟女性主義者成為伴侶。

否則，女性主義者不容易找到適當的配偶，因為她瞋恨男性、厭惡男性，想要壓制男性，凡是有男性的場合，或是由男性主導的場合，她們一定表達反對的立場，這樣就矯枉過正了。

問：「大女人主義」與傳統觀念對女性角色的期待，似乎有些衝突，夾在這種潮流之中的女性該如何自處？

答：關於這個問題，我以日本社會為例來說明。過去的日本社會是大男人主義的社會，女人在社會裡沒有地位。可是現在的日本，社會現象已經改變，女性在年輕的時候非常強悍，講到做事，只要是男人能做的她們也要做，男人參與的，她們一定也要參與，就是不讓鬚眉。

可是當她們結婚生子，進入中年以後，就又回到傳統的模式。因為她要照顧孩子，需要有個溫暖的家庭，只要先生能夠賺錢養家，她就專心地看顧家，扮演好維繫家庭的角色。所以中年以後的日本女人，自然會回歸到傳統的女人角色。

這個現象將來會不會再改變？我不知道！也就是說，日本的年輕人也有女性主義者，可是到了中年以後，非常強烈的女性主義不見了，換成下一代的年輕人來提倡女性主義。

問：社會上受到表揚的傑出女性，她們得獎的原因，通常是寬闊的視野使她們更關懷全體社會與人類，這與女性主義者有沒有程度上的差異？

答：在西方社會裡，有多少人是真正的女性主義？其實很少！不論哪個行業，傑出的女性多半都不是女性主義者，或大女人主義者。就比例上來看，極端的女性主義者，在奮鬥多年後成為某個行業中傑出領導人的並不多。

要在各個行業中成為傑出的領袖，一定要平等的愛護、尊重同行裡的人，既然平等，就不能只照顧女性而不管男性，如果抱持女性至上的態度，想成為社會裡的主流領導人就比較困難。

以我的立場與看法，我是同情女性主義的，而且認為它的形成其來有自，一個社會必須也需要有這樣的人，如果完全沒有，讓男人永遠都是強者，那也不行。

婚姻中的奉獻

問：受到西方影響，女性的角色也開始要負擔起家計，同時東方傳統女性的分內工作也不能減免，這種情況造成女性相當大的壓力。請問法師如何看待這個問題？

答：這是一個很大的問題。舉例來說，某研究所在招生時，女生的成績比男生好，開始上課、考試之後，也是女生的成績較好，但是漸漸地，當一個女生喜歡上一個男生，成績和表現就會不一樣了，這時女生的學習開始變差，男生的成績卻愈來愈好。

畢業以後，本來兩個人可以一起做學問、做研究工作，結果女孩子因為很愛先生，願意放棄自己的研究工作，而全心全意照顧丈夫、家庭，讓丈夫專心地做研究、做學問。像這樣的例子不只一個。這麼說來，是不是女性就吃虧了？不見得，因為她是心甘情願的，所以並不能認為是女性吃虧。

此外，我們在社會上可以看到一個非常明顯的現象，在基層人員招聘錄用的時候，男女人數是相等的，漸漸到高階主管時，男性主管就會變得比較多。照道理講，女性跟男性能力應該相同，為什麼到了高階主管，女性的人數少了，男性反而多了？是不是這個公司歧視女性？不一定。

女性進入中年以後，她們的工作狀態可能會受到兩個原因的影響：一是她的孩子在這個時候進入了叛逆期，她需要回到家裡照顧孩子而不得不辭掉工作；另外一個原因，女性到了中年漸漸進入生理的轉變期，使得工作的時間、體能，以及工作時必須花費的心血，沒有辦法和男性競爭。於是漸漸地，女性高層主管人數的比例就少了。這不是因為歧視女性，而是有許多原因共同造成的結果。

但是，女性這樣做是不是不合理？其實不是。她是因為要照顧孩子、家庭，而願意為家、為丈夫與孩子奉獻，覺得孩子、先生的成功就是她的成就。因此成功男人的背後，一定有偉大的女性做為支柱，沒有這種支撐與護持的話，男性的成就不會這麼大。

問：男尊女卑的傳統觀念加上男外女內的日常生活，更讓男女擁有的主導權和位階產生懸殊。如果女人真能對男人造成這麼大的影響力，那長久以來的差異又從何而生呢？女人是否天生就是為了「付出」而活呢？

答：中國社會在過去有句俗話說：「家有賢妻，夫在外不招橫禍。」意思是說家裡有個賢妻，丈夫在外就能夠一帆風順，這是因為家裡有個賢內助。這個風氣和觀念是自然形成的，不過今天的社會，有些女性是不願意待在家裡的。

我在美國看到一些夫婦，他們是雙薪家庭，也就是丈夫和太太同時都有工作，共同分擔家庭裡的費用，也同時分擔家務，除了生孩子這件事情無法公平之外，其他的事情都要分擔著做，這樣很平衡。如果女性在外面與在家裡都要工作，丈夫把全部的重擔全交給太太，就非常不合理了。

但是，我也曾看過一個中國人的家庭，先生、太太都是醫生，家裡有兩個孩子與雙親。先生工作的時候是醫生，回到家裡做老爺，他一回家就看報紙、看書、看電視；而太太下班回家要煮飯帶小孩，還要照顧兩個老人家。我看到這種情形，曾經問這個太太，你們都是醫生，妳怎麼願意這麼辛苦？她說：「有什麼辦法，我是因為愛他才嫁給他，我也愛我的孩子、家庭，身為女人就要負起女人的責任。」她甘之如飴，也不覺得什麼委屈，覺得這樣很好。

像這種情形要是有人替她伸冤、替她抱不平，跟她說妳要革命，那麼，她的家庭不就鬧翻了？本來家庭相安無事，大家都覺得很好，先生心裡不覺得虧欠，太太也覺得自己很快樂，這就沒什麼問題，沒有什麼不平衡了。若有人覺得這個女人真是傻，或是這個女人真沒出息，為什麼不爭取公平，那就是多管閒事了。這是個人的家庭，是她自願的，旁人不需要有意見。

經營家庭不需要去計較自己付出多少，只要自己奉獻得愉快，也覺得幸福，就足夠了。

問：法師曾說過，人人都該奉獻，我們常看到當一個雙薪家庭發生狀況時，先生會要求事業有成的妻子放棄工作回歸家庭，此時做妻子的該如何抉擇？若雙方各有堅持，夫妻又該本著什麼信念溝通？

答：遇到這種狀況時，要由個人的意願來決定。可以看配偶願不願意配合，若不行，就問自己能不能配合對方。

英國有位知名的女首相柴契爾夫人，她嫁給了柴契爾先生，就冠上先生的姓，並沒有用娘家的姓。她之所以能夠在政治這條路上走得這麼出色，是因為先生能配合她。

另一個例子，就是美國前總統柯林頓。柯林頓當總統的時候，他的太太配合柯林頓，沒有去選參議員，她配合著做總統夫人。現在，柯林頓夫人當選參議員後，柯林頓常說：「我是某某參議員的先生。」這就表示柯林頓夫婦倆是可以互動的，互相適時配合著對方，未來柯林頓夫人也有可能會做總統，到時候柯林頓的身分，就是總統的丈夫，這也沒有什麼不好。

家庭裡的問題，一定是雙方共同的事，兩個人要有共同的想法，心甘情願的彼此適應與配合，這就是夫唱婦隨，或是婦唱夫隨，只要可以維持家庭和諧，要怎麼做都是可以的。

邁向兩性平等非難事

問：佛法教導我們眾生平等，所謂「眾生平等」的真義為何？

答：「眾生平等」指的是基本人權。以佛法的觀點來說，假如眾生都願意學佛、能夠學佛，那就都能悟道得解脫，甚至於成佛，是基本上的平等。

不過，雖說眾生平等，但這道理卻非常模糊。以所有的眾生而言，不同種類生物的生活方式、生存條件都是不一樣的，有的生活在水裡、有的在泥裡、有的在樹上；有的生活在暖和的地方，有的則在寒冷的地方。

再者，人和其他動物是不是應該平等？如果能夠平等，那把蛇、蟑螂、青蛙放在床鋪上跟我們一起睡覺，這樣是不是平等？或者是讓豬、雞和我們生活在一起，這合理嗎？那麼做看起來是平等，但為什麼不這樣做呢？因為這實際上是不平等的。不同種類的動物來做比較，就是不平等。

以人類來說，每個人的聰明才智不一樣，男女的性別不同、能力不一樣，還有觀念、想法不一樣，風俗習慣也不一樣，這種種條件的不同，要大家完全變成一樣是不合理的。所以，男性與女性不要總是要求平等，如果真要求平等，應該是指基本的權利平等。

如果能力、體力相當，負擔的工作應該也可以相當。以目前就業的範圍而言，沒有事情是只有男人能做、女人不能的。國王也好，總統也好，總理也好，都有女性擔任，只要有能力就能做。

在《富比士》雜誌每年統計調查的報告中可以看出，全世界一百大的企業之中，雖然主要的負責人、經營者在比例上女性比較少，但這並不代表女性的企業家很少，事實上並沒有不准女性出頭或是女性不能創業等的歧視。

問：雖說眾生平等，社會上還是有男尊女卑的觀念，要怎麼做才能破除這種不平等的對待？

答：男尊女卑的觀念，是風俗習慣的問題。在一個以男性為主流的父系社會裡，就是以尊崇男性為主。除非是母系社會，男人變成附屬品，他們在社會上沒有地位，目前世界上若干小部落即是如此。一般而言，女性雖然會被尊重，只不過形式上還是要讓一讓男性，因為風俗習慣就是如此。

從過去的歷史來看，一個家族如果女多男少，在社會上會很不安全，因為很難抵抗外來的侵略。發生戰爭的時候，通常是殺光男性，然後強擄女人和小孩回去做奴隸。又為什麼要殺光男人？因為男人很可能隨時起來抵抗，而女人比較順從。

但是，男人如果因為這些歷史或社會環境的原因，而認為自己比女人優越，那就錯了。因為男女各司其職、各守其分才是平等。無論從事什麼職務，只要好好把分內的工作做好，不用分性別，就是做到了平等。

這個社會需要女人，家庭也需要女人，女人有她的長處和能力，應該和男人一樣受到尊重。所以，女人要尊重男人，而男人也要尊重女人，如此才能邁向真正的兩性平等。

問：時代背景影響社會價值很深，全球皆然。女性受到不合理的對待會因時代的進步而改變嗎？

答：阿拉伯世界的法律規定，穆斯林的女性除非是未成年的小女孩，成年以後就必須全身蒙起來不准拋頭露面，只能露出兩個眼睛，手伸出去時也不能讓人家看到。我到阿拉伯世界去訪問時，看到這些景象，很多人會問，這種規定對女性公平嗎?

其實，他們的法律這麼規定，目的是保護女性，把身體全部包起來只剩一對眼睛，人家根本不知道她長得美不美，身上寬鬆的衣服也看不出身材好不好，這樣就沒有誘惑了。因此，這是為了保護女性而設的規定，並不是歧視女性。只不過讓女性這樣過日子，的確不太好。

神學士政權統治阿富汗的時候，女性不能外出，也不能受教育，除了生在國外的阿富汗人和外僑可以接受教育之外，幾乎全部的女性都是文盲。神學士政權垮台以後，她們可以不用再像過去一樣包得那麼緊密，但是她們已經習慣這種風俗，多半還是包裹著。

我在約旦訪問的時候，看到很多全身蒙起來的女性，當我很好奇的提出疑問，她們告訴我，這是因為神愛護她們、保護她們，而當地政府並沒有規定非得這麼做不可。

問：請問法師，真正平等的社會應該是什麼樣子？

答：由於資訊發達、交通便利，人與人之間的互動、溝通更方便、廣泛，因此，不同的民族、文化、社會都能夠互相觀摩、影響，形成一個多元化的時代，也就是所謂的全球化。無論在經濟、軍事、文化、宗教等方面，大家都能達成共識、和諧相處，而不要彼此歧視。

先進的國家不要高傲，發展比較慢的地區也不要因為落後而自卑，應該將人權放在平等的立場去思考，無論男女、老幼，健康或殘障，都要同樣平等看待，人的權利也是相同的。

至於宗教，有的是一神教，有的是多神教，我們佛教則是無神論，這些宗教各有各的優點。過去我們說其他的宗教是外道，是邪教，這種觀念已經過時，在這個時代，我們應該尊重所有的宗教。

在人權方面，過去西方的白人地位至上，黑人多半是奴隸，根本不可能和白人平起平坐，這樣是很不平等的。

現在，無論是種族歧視、性別歧視、宗教歧視，或是文化歧視、經濟歧視等，全部都要打散，打散以後從基本的立場去看待，每一個人都應該受到尊重。因為人的能力不同，有的人天生能力高一些、有的低一點，並不等於每一個人都可以做老闆、做總裁，或是每一個人都可以當總統。大家應該都受到平等的尊重，各有各的位置，恰到好處的在各自的位置上努力。

問：在自由民主的社會，男女平等是否有實現的一天？

答：佛教中講的「菩薩」是專門奉獻的，他沒有希望求得什麼，也沒有希望得到回饋，奉獻是修行菩薩道的責任，有機會能夠奉獻，他會感恩，因為修菩薩道可以成長；如果沒有對象可以奉獻，反而覺得沒事做，也就不能夠成長。如果以公不公平的觀念要求公道，是不是要跟菩薩講：「你應該跟眾生要求平等，你怎麼做這麼多，專門奉獻？人家沒有回饋，你為什麼還是不斷的奉獻？」

我們應該要這麼想，有能力的人要為能力差或是無能力的人服務，有一句成語說：「巧者，拙之奴也。」就是說非常聰明能幹的人，要為那些沒有能力的人奉獻，為他們服務，這樣就能顯現出這個人的能力及重要，也顯示出他存在的目的。如果大家不想奉獻，卻要求公平，就不能成為偉大的人。

偉人都只想到奉獻而不會想、也不在乎對自己是否公平，只是盡力奉獻、照顧大眾。如果大家都認為自己不要做偉人，只要做普通的人，什麼事情都要求公平，我們這個世界文明的進步、社會的發展都要落後幾萬年了。

為社會奉獻多的人就是領袖，智慧高、能力強、有擔當，這樣的人出來為大眾服務，社會就會進步成長，文化也會提昇。否則，如果凡事都要求完全平等，社會就沒有進步的空間了。

與生俱來的親情

父母的功課

問：中國人常常會用「血濃於水」來表示親情的重要性，親情的本質是什麼呢？此外，眾生皆有情，我們該如何看待這些「情」？

答：包括人類在內的所有動物，都有親子關係，這是與生俱來的感情。「親」的意思，一種是指「血親」，另一種則是「親近」的意思。「血親」就是血濃於水，有血緣的關係，而小鳥、小狗等動物都有親子感情，何況是人！孩子就像是自己肚子裡的一塊肉，要懷胎十個月才能生出來，但即便是將領養的孩子扶養長大，也是親情。

至於「親近」的意思，是指雙方經常在一起，時間相當長，互動關係非常密切，彼此之間成為一種生命共同體，此時親情便產生了。這種親情，就像師生、師徒關係，或是人和寵物之間的關係，彼此會有倚賴和依戀。

眾生皆有情，最重的是親情，其次是愛情，再來是友情，這是眾生的三種情。親情是最基本的，是生命的基礎；愛情是兩個生命結合的一種關係；友情則是互動的，可以互相幫助、互相支援，你需要我、我需要你，就產生了友情。此外，對佛教徒來說，還有一種情叫做道情。道情就是彼此在修行的道路上相互鼓勵、相互扶持，稱為道侶或道友。

在這四種情裡面，除了道情之外，還有親情是沒有條件的，不會要求什麼回饋。雖然中國有「養兒防老，積穀防飢」的說法，但這只是一種較為功利的概念，通常父母對兒女的養育很少會真的這麼想，把養孩子視為投資、保本，有這種想法的人並不多。因此，我們也可以流水來比喻親情，水是順流而下，就像是父母對孩子的感情是沒有條件、不求回饋的。

問：在這個變化的時代裡，我們可否用佛教的義理和智慧，建立新的親子關係和觀念？

答：當孩子小的時候，是親子關係，但當孩子成熟以後，則可以轉變為朋友關係。這個朋友關係當然和孩子同年齡的朋友不一樣，可是在態度上，父母應該要把孩子當朋友看。至於在親子關係中的雙方，一定要多為對方設想，也就是父母要為孩子設想，孩子要為父母設想。

父母有父母成長的時代和環境背景，他們可能很嘮叨，觀念可能很老舊，但是無論如何，還是要感謝父母，因為他們是好意的。至於是不是接受他們的想法，當下要說「是」，事後還可以再慢慢商量，這樣比較不會讓父母傷心。

而兒女的天地和他們朋友的天地，與父母的都不一樣，兒女所接觸到的環境、知識，也和父母不一樣，因此想法不一樣是正常的，父母應該要諒解他們。

假如父母很謙虛，對於兒女們做的事情能夠跟著學習、瞭解，和孩子們玩在一起，多瞭解孩子的想法，就可以做他們的朋友。至於兒女則要瞭解父母是如何從他們那個時代的背景和環境歷練過來的？他們為什麼有這種想法？瞭解以後，就可以陪父母談話、聊天。

過去，我常常跟我的師父東初老人聊天。我師父的教育方式和做法較傳統，但是思想非常開明。我和他談話時，都是請教他，聽聽他在那個時代是怎麼想的、怎麼做事情的，瞭解之後從中學習，對我來說，那些知識和經驗都是寶。我跟師父談話的時候，他覺得我是知音，他不會覺得我是小孩子，什麼也不懂。所以他們上一代的事情，他的朋友，以及那個時候的觀念，我都知道一些，因此我和我師父之間的互動十分良好。

問：「望子成龍，望女成鳳」，是父母對子女的期望，父母該怎麼培育孩子？

答：對孩子而言，有個懂得他們性向或潛能的父母非常重要。因為孩子自己不知道怎麼去選擇，需要父母在背後引導正確的方向，並給予支持。

現代父母都不希望孩子輸在起跑點上，因此希望在他們小時候好好的培養，所謂「成龍成鳳」，這是正常的心理，就是希望孩子能夠成為有用之材。

如何成為有用之材？就是要靠教育。教育孩子，並且給他們一個很好的環境和正確的方向，教他們怎麼走。在孩子沒有成年之前，應該要這樣做，否則，孩子不曉得嚴重性，只顧著玩，若順著孩子讓他玩，將來可能成為麻煩，成為社會的問題。

如果孩子沒有獨立的能力，事情來了總是說：「好吧，你安排吧！你叫我做什麼，我就做什麼。」這樣，孩子就變成算盤珠了，撥一個動一下，這是戕害、壓制了孩子成熟的能力和潛力。家長應該做的，是要瞭解孩子的性情與個性。孩子們小的時候，認為自己有判斷的能力，做家長的要如何確定孩子真的有判斷能力？這需要靠智慧。

在孩子知道自己要走什麼路的時候，可以好好地跟他談一談。如果他思路清楚，走法也很正確，而且從小到大的成長過程中，很少出差錯，到了一定年齡，他自己曉得應該要走什麼路，這個時候就讓他自己走，不需要擔心或限制他們，而要給予支持，如此才能夠幫助孩子更成熟。

曾經有個人已經快要四十歲了，沒有結婚，想要到法鼓山出家，父母卻說絕對不准。這很奇怪，在法律上孩子已經成年，他們的思想已經獨立，只是沒有結婚，父母就不准他出家，這是一個讓人無法理解的狀況。

或者，孩子已經有獨立的判斷能力，想去學習技能或是再進修，但父親因為自己有一間公司，便要求孩子繼承，這樣，孩子也會很困擾。

開明的父母不會這樣做，他們會自己做自己的事業，然後讓孩子去闖自己的未來，不會勉強孩子一定要走父母希望的路，這才是現代父母需要培養的態度。

問：若父母能成為孩子的好朋友，是否就能跨越親子間的鴻溝？

答：現在有些父母不知道如何教育孩子，只會生養卻不會教養。一般來說，孩子與父母相差至少二十歲，這中間的差距很大，使得雙方的想法也很不一樣。若用父母的想法教導孩子，他們會心生叛逆，父母的心態應該把自己的年齡降低，瞭解孩子接觸的事物和想法，和他們做朋友，跟他們打成一片，這樣親子之間才能相處順暢，這是最好的相處之道，孩子也會覺得有安全感。

孩子若是對父母失望，最大的叛逆就是離家出走，或者是不跟家人講話。極端的孩子可能就會認為，我的身體是你生的，既然你這麼愛管，就把身體還給你，我的心你管不到，我不要我的身體就可以獲得自由，於是選擇了自殺。

所以，父母要好好照顧孩子、瞭解孩子，否則不知道什麼時候會有狀況發生。

問：有句玩笑話：「心臟本來就是偏一邊，所以偏心是正常的。」但是子女對父母來說，就像自己的手，手心手背都是肉，怎麼可能偏心呢？這中間有什麼道理？

答：偏心是正常的，就看我們自己怎麼想。舉個例子，我曾和一位父親及他的兩個兒子談話，這對兄弟年齡相差四歲，弟弟已經結婚。從談話當中知道，這位父親用弟弟名字中的一個字，和自己名字裡的一個字，組合起來成為公司的名稱，而哥哥的名字卻不在裡頭。

我問這個哥哥：你父親成立了公司，是用父親和弟弟的名字，沒有用你的名字，父親很偏心，你心裡有什麼感覺？他說，父親的選擇很好，這兩個字加在一起做公司名稱很響亮，我的名字放進去，不一定那麼好聽。

然後我又問他們兩人對於婚姻和公司職務安排的看法，得到的答案當然是不一樣的！我每問一件事，就會跟他們開開玩笑說：「不公平喔！」可是哥哥的回答都是：「這是我們兩個做的不同選擇，沒有什麼公平不公平的問題。」

最後我問兄弟兩個人會不會吵架，哥哥說會吵。我問原因是不是因為不公平？他說，小時候會有這種感覺，而弟弟也是一樣，但是長大了以後，兩個人都明白，實際上「不公平」並不存在，那只是個人的感覺而已。

世界上的事沒有公平、不公平的問題，都是因人而異的。父母對待兒女的態度原則上是相同的，只是當父母生第一胎時的經濟環境和他們的體力、心力，一定和生第二個孩子的時候不一樣，老大和老二的健康狀況也會不一樣，因為環境不同，對象也不一樣，兩個人的條件自然就不相同了，這是很正常的。

在同一個家庭，同一對父母把所有的孩子拉拔長大，長大之後每個孩子得到的不會一樣，我認為這是公平的。只要父母對兒女盡力盡心，就是公平的。父母親把孩子培養長大，沒有讓孩子挨餓、受凍或遭受虐待，就是公平的。

成長的過程中，兄弟姊妹各自得到的待遇，是和自己的福德因緣有關，而自己的福德因緣，與過去世帶來的福報和父母之間的關係，也是密切相關的。

自己的福德因緣好，父母生你的時候身體好、經濟環境好、身心也好，樣樣都好，所以對你好。若自己的福德因緣不夠，出生的時候，父母的經濟環境不好、身體也不好、心情也不好，生下自己，關係也就不會太好。所以，不要怪父母不公平，這是自己帶來的福德因緣，除了自己，誰都怪不得啊。

百善孝為先

問：所謂「百善孝為先」，孝順是中國人的美德，也是家庭倫理最注重的品德，和維繫親情很重要的原因，請問什麼是孝道？此外，個人為度眾生而出家，以天下蒼生為念，希望眾生都能得救的胸懷，也算是大孝嗎？

答：中國儒家的思想認為，對父母不貳心，叫做「孝」，對君主不貳心，叫做「忠」。儒家的倫理特別重視子女對父母的孝，如漢朝即標榜「以孝立國」，甚至皇帝要找忠臣，就從孝子裡去找。

如果為了國家，暫時擱下自己的父母，為整個國家民族的生存而捐軀，這就是大孝。因為，若國家民族都沒有了、滅亡了，那自己的父母、自己的家族也會滅亡。因此，為了保護自己的家族，先要保護民族，保護民族先要保住國家，這是大孝，也是移孝作忠。

至於出家，這是個人的意願，願把自己奉獻給一切眾生，讓眾生離苦，父母也會有功德的。出家不是不要父母，而是以救眾生為先，而父母當然也在眾生裡頭呀！所以，這與為了保護國家民族而移孝作忠的道理差不多。

我們出家，是發心廣度眾生，所以，也有照顧到父母，並不是不照顧。許多出家人都會照顧父母，不過，假如有兄弟姊妹，或者是有人來幫忙照顧父母，那自己便能出家做更大的事業了。

問：提倡孝道的孔子曾說過「父母在，不遠遊」，這個觀念還適用於現代嗎？

答：中國歷史上，皇帝若要徵召一些大孝子去作官，他們常會以父母年紀大了，或者是祖孫兩代相依為命，需要照顧而婉拒，例如西晉時代的李密，就寫了〈陳情表〉說明需要侍奉祖母而無法接受徵召。

但是，在現代社會，「父母在，不遠遊」的說法已經不合時宜了。現在看我們的地球好小，台灣和紐約的時差正好十二小時，雖是地球東西半球的兩面，但可以隨時通電話，也可以用影像視訊來溝通，和真實見面的差異只在於不能觸摸彼此。雖然彼此摸不到，但是仍可以照顧到飲食、起居。

而遠遊的時候也不像過去的人，一出門就好幾年沒有音信。現在若有緊急事件，無論在全球哪個地方，最多二十四小時一定可以見得到面，希望出遠門的人回來，他就回來了，這不是很快嗎？所以，不遠遊的理由已經不能成立。

古時候因為交通工具非常原始，才會有「父母在，不遠遊」的說法。當時的交通工具大多是步行或是坐船，即使坐船也不是機械船，而是帆船或木船，坐車則是坐牛車、馬車。現代的交通、通訊工具都很發達，透過電話、電腦就可以直接溝通、聯繫，這些都是時代因緣的轉變。

友，夫妻的感情可能因此而轉淡。

如果異性的朋友本來只是同事、顧客，或僅僅是普通的朋友，那還不會有問題。但若遇到夫妻兩個人正好有點意見不協調而產生衝突，一次、兩次還好，若常常發生不愉快，兩個人的婚姻生活就可能發生問題。

要是真遇到這種問題，該如何解決？我們必須牢牢的記著，自己是結了婚的人，對配偶有責任。不要忘了，結婚是宣誓過的，西方人是對《聖經》、對神宣誓，我們東方人是對親人、長輩，或者是對法官宣誓。既然宣過誓，就要對自己負責任、對對方負責任。遇到家庭不合、夫妻吵架的時候，無論如何也要努力再努力，不要輕易地想：「我們夫妻大概已經完了，就算了吧。」千萬不要失去希望和信心，更不要放棄自己的責任。

問：父母在外工作時的壓力和情緒，無法及時獲得慰藉與抒解，回家後稍遇狀況便爆發。對於這點，有沒有好的建議？

答：情緒是要化解、調節，而不是發洩！

家長產生情緒的原因，主要有幾種導火線，首先可能是孩子不聽話、太頑皮；其次，可能是自己在外面受了氣，和同事、長官，或者和朋友產生了摩擦，在外面不敢發作，擔心發作的話，可能受到更大的傷害或損失，只好壓抑自己的情緒，但是一回到家就爆發了。

還有一種可能是身體或生理上的失衡，也許是荷爾蒙、內分泌失調，或是身體某個部位有病痛障礙，使得自己沒有辦法控制情緒，很容易生氣。所以有人說，某某人肝火很旺，肝火是什麼意思？就是火氣大。火氣大就沒有辦法壓抑脾氣，一不高興就要爆發出來，所以動不動就罵人、吵架。

對於這種現象，中醫的理論認為，肝火很旺實際上就是內分泌失調，或者身上哪個地方出問題了。如果是疾病或是內分泌方面的問題，要去看醫生，用藥物來治療；如果是心理上的問題，就去看心理醫生，或者是聽佛法、看佛書，來化解自己的情緒。

要怎麼淡化情緒？其實只要轉變觀念，情緒就消失了。容易激動、發脾氣，通常是因為在觀念上與自己有衝突，所以沒辦法控制、壓抑情緒，這就需要自己努力去克服。

另外一種是工作太疲倦。因為工作疲勞，回家以後已經很累很煩了，這時若看到家裡很亂、孩子又吵，很容易就會失去控制而發脾氣。事實上，發脾氣是因為自己在這種狀況下很痛苦，卻又找不到方式來化解。

針對不同的原因，要用不同的方式來處理自己的情緒。情緒不宜讓它爆炸，也不宜過度壓抑，而是要消化它。至於消化情緒的方法，可以跟醫生談談，或者和信任的朋友通個電話、聊聊天，或見面傾吐一下，這樣自己的心裡會舒服一些。

因此，在有情緒的時候，不要爆發出來，最好是想辦法化解。

親子關係面對面

問：《父母恩重難報經》裡的「十恩」，詳盡描繪親恩的偉大，做子女的是不是也能回報呢？

答：在佛經裡，都是鼓勵兒女要孝順父母，卻沒有強調父母要如何愛孩子，這不是不主張父母應該愛孩子，而是父母對孩子的愛沒有條件，是自然的，這份感情是與生俱來的。

但是孩子對父母的感情、態度，往往是小的時候需要父母、倚賴父母，長大以後漸漸學習獨立，開始自己思考，有獨立的行動和生活方式，就不需要父母了！然而，當我們成年獨立時，父母也年老了，這時最需要我們的奉養。

中國儒家中的五倫思想，第一倫就是說到父母和子女的關係，佛經裡也特別重視孝順父母，比喻說我們這個身體是父母所生，即使父母沒有養育我們，父母對我們的恩情仍深如海。這是形容無論怎麼報答父母，都沒辦法報答完盡。

另外，還有一個比喻，是要我們把父母挑在肩頭上，一邊是父親，一邊是母親。父親、母親若不能走路了，照顧他們的責任就在我們的肩頭上，我們一輩子、兩輩子，一百輩子都這樣服侍父母，也還不夠報答父母親的生身之恩。

佛法雖然是講出世，但是必須先把「人」應盡的本分做好。不孝順父母的人，可能連做人都有問題。連父母都不孝順，對自己配偶的感情，可能也只是功利性質的愛，不是沒有條件的付出；對朋友之間，可能更是寡情不義。所以，講到道德標準，第一個標準就是親情。

問：我們常聽說孩子出生是來討債的，父母和子女的關係真的是相欠債嗎？

答：這種說法是中國人的一種通俗講法，站在佛教的立場，親子關係是從無量世以來彼此結了緣而成為一家人，結緣的時候，可能在互動之間有過傷害或幫助，這互相的幫助或傷害，有的多、有的少。若是彼此幫助得多，親情就會相當濃厚。

不過人與人之間的互動，完全一點摩擦也沒有的情形很少，因為彼此都是凡夫，也都有煩惱，總是會有一些摩擦。雖然彼此之間有幫助，但也常發生摩擦，因此也就會相互虧欠了。在彼此互欠的關係裡，不是哪一個是欠債的債主，或哪一個是負債的人，而是互欠。

當孩子難帶時，我們所付出的苦心更是加倍，此時也最能體會「父母恩重難報」呀！所以，我常常跟父母們說：「孩子難帶，你才知道做父母不容易，也才知道自己小的時候，父母多會帶自己，此時更能感恩父母。」

遇到不好帶的孩子，才知道要感恩父母，當自己也學會很多方法、耐心把孩子帶大，自己也能成長得更多；遇到小孩很好帶，這表示孩子是來報恩的，不用花太大的力氣，他一下子就長大了！這怎麼能說他是來討債的？

所以，從這兩方面思考，孩子都不是來討債的，他們是來幫助自己，是菩薩、恩人，是來報恩的。

問：法師經常在東西方社會奔走傳法，是否曾觀察過這兩種社會裡，親子關係的異同？有沒有可以相互學習的地方？

答：西方社會裡的父母較能培養孩子獨立自主，譬如在西方，如果父母有很好的職業，而兒女沒有，父母不會擔心；如果父母希望孩子讀書，孩子不喜歡，父母也不會逼迫孩子一定要讀書。西方父母的態度是，孩子自己覺得生活得快樂就好，要怎麼生活，讓孩子自己負責，父母不會替他們規畫未來，他們自己會找出路。

但中國社會裡的父母有一個特點，就是拚命的要孩子補習，讓他們去學很多才藝，連週末的時間都不放過，這樣對孩子長大出社會以後有一點用處，因為懂得滿多的！不過這還是有問題，因為孩子對於自己究竟要選擇哪一條路，可能還是不清楚。

身為父母，最好能懂得孩子的個性與特質，讓孩子發展出興趣、職業與志向的專長。興趣是為了娛樂、怡情，職業是為了未來謀生，志向則是發展理想；藉由觀察孩子並全盤思考、瞭解以後，可以培養孩子讓他們自己獨立發展。

通常孩子到了十三、四歲之後，會有個叛逆的階段，有的更早一些，在小學高年級就開始叛逆。這樣的孩子，要好好輔導，跟他們做朋友，瞭解、發掘他們的潛能是什麼，好好的培養。

以我自己為例，碰到數學就頭痛，這不見得是因為沒有數學的才能，只是從小讓老師嚇怕了，時常被老師罵：「笨啊，你連這都不懂！」讓我更是一碰數學就怕，就會去想：「反正我笨，就乾脆不碰數學，天底下還有很多我可以做的事。」

中國儒家講因材施教，在佛教的說法是「佛以一音演說法，眾生隨類各得解」，眾生是千差萬別、有不同的類別，每一個眾生都是不一樣的根性，有著不同的根器，要適當的、恰到好處的施以教育，才能收到很好的效果。

淺談複製人

問：佛經中說生命的誕生是「父精母血」，但是現代科技進步，我們要如何看待「複製人」和「代理孕母」的親情關係？

答：親情大略可以分為兩種，一種是生身的親情，另一種則是撫養的親情。

以某人的細胞拿去培養出一個胚胎，這算是「複製」出來的，因為這個胚胎是從某人身上分出去的，是個分身，也是某人的骨肉，從他身上細胞複製出來，有他特殊的遺傳因子，這個胚胎與精、卵結合而產生的胚胎，是相同的東西，只是名稱不一樣。

另外，現代社會中還有一種代理孕母，所謂「孕母」，是另外找一個女性來代替母親懷孕，但懷的是父母精卵受孕培養出來的下一代，這個胚胎在孕母的肚子裡漸漸地成長，成為一個胎兒，然後出胎。雖然情況比較特殊，也是一種親情。

問：世界上各宗教對「複製人」的爭議與接受程度差異很大，佛教講「因緣」，又是怎麼看待「複製人」呢？

答：西方的一神教，例如天主教、猶太教、伊斯蘭教等，他們認為人是上帝創造的，只有上帝能夠造人，人不可以違背上帝的意志來造人。試管嬰兒的發明代替了上帝的功能，而複製人更是改變了傳統人類誕生的思想，所以他們沒有辦法接受。

二〇〇二年我出席世界經濟論壇小組會議的時候，有人問我對複製人的看法，我告訴他們，對佛教徒來講，這是可以接受的！因為佛教主張，一切現象的產生都是因緣促成的，只要有因、有緣配合起來，就可能產生另外一個新的現象，因緣會隨時變化。

自然狀態下的懷孕，一定要經過父母兩性的結合，結合之後母親的卵子受精，然後懷孕，以往的想法都是這樣，事實也是如此。所以，突然間改變方式，可能一時之間要得到多數的人接受，並不容易。

不過，現在的科技，可以促使一個生命誕生，所以無論是不是用傳統的方式，生命都可以產生，這是不能否認的。

問：在「複製技術」逐漸成熟的現代，該考量避免哪些可能造成不良後果的因素？

答：首先，有幾個問題需要先考慮、解決，不能一下子就複製很多的人出來。第一個必須考慮到，是不是還需要有親子關係？因為孩子誕生後，一定需要親子關係，而培養出來的複製人，如果沒有親子關係，這個人在成長的過程之中，以至成年以後，他的心理、觀念會有問題，有可能變成像野獸一樣的人。

另一個需要考慮的，就是用科技的方法來複製人，會不會產生後遺症？所謂的後遺症，是指在複製的過程之中，胚胎是從人身上取出細胞來完成複製，假如細胞裡有什麼不健康的因子，那麼培養出來的人，會不會也有健康上的問題？如果培養出來的複製人身體有所缺陷，那就非常糟糕，屆時必須殺掉他嗎？但他畢竟也是人啊；若不殺掉他，則會增加社會的負擔。

因此，從事這項技術前必須先考慮到，對複製人本身以及整個社會是不是會有什麼副作用。

豐富人生的友情

朋友是人生的財富

問：常有人將朋友比擬為「人生最重要的財富」，我們該如何經營這份人生的資產？

答：朋友能讓我們感覺有伴、不孤單。許多人無聊的時候，總喜歡找朋友聊天，他可能和家人甚至自己的配偶聊天時，還沒有這麼痛快，但是和朋友卻可以天南地北的閒聊，藉著彼此互相傾聽，或互吐心中的不快，講完之後心情也會比較愉快。

有時候，朋友很像老師，可以作為我們效法的對象。這樣的朋友往往比家人重要，因為朋友與朋友之間少了權利與義務的要求，卻多了彼此的互相幫助。互助並不特別指在金錢、物質上的互通，而是在於彼此能夠交心，互為知音。

一生當中若能遇到這樣的朋友，人生就了無遺憾了。

問：芸芸眾生中，良師益友如何尋覓？結交「益友」的標準為何？有了這些朋友，我們就會不斷的進步嗎？

答：佛教稱呼朋友為「知識」：好的朋友叫做「善知識」，不好的朋友就是「惡知識」。「善知識」就是良師益友，通常良師就是最好的朋友；如果朋友之間只知道吃喝玩樂，互相結黨營私，那就是「惡知識」。

我的師父常常告訴我，師徒之間的關係是「三分師徒、七分道友」。「道友」是指修道的朋友，在修行的道路上，彼此之間的關係是朋友。所以，真正的好老師會跟學生做朋友，把學生當成朋友看待，而不是把學生當成晚輩。因此，好的老師往往就是我們最好的朋友。

孔夫子曾說朋友有三種，這也可以視為結交益友的準則——直、諒、多聞。「直」是什麼意思？「直」是誠實、耿直，直友能一針見血地指出你的錯誤，而且不怕你生氣。「諒」是彼此互相體諒，雖然諒友講話很直，極可能刺傷了你，但是你有了錯誤，諒友也有包容的胸襟。「多聞」則是指朋友的才華或知識很豐富，足以當我們的老師。

此外，能對我們說真心話的朋友，叫做「諍友」。他們說的都是肺腑之言，雖然會讓你心痛、臉紅，讓你覺得非常不自在，卻能真正針貶你的問題所在。

以上這幾類朋友是我們的益友。他們都是誠懇、耿直的，又能體諒寬容，就是儒家所說的「友直、友諒、友多聞」。

問：有些人不喜歡與人交往，寧可養寵物陪伴，這是好現象嗎？

答：人如果沒有朋友就很可憐了！不要說是人，連動物如小狗、小貓也需要朋友。

有些人年紀大了，或者是朋友很少，感覺太孤單，他們就養寵物，把寵物當成朋友。也有人甚至覺得家人還不如寵物，因為寵物很忠心，會對他百依百順。

一般而言，寵物的需求很低，只要把牠餵飽，牠就會對你很忠心。人與人之間則不同，一旦有了利害關係，就可能會有摩擦和衝突，即便再好的朋友也可能反目。因此，有的人寧可和動物做朋友，而不跟人來往。

但是這個想法並不好，我們還是希望跟人做朋友，畢竟與同類交往，才能得到真正的安慰，人生也才不會有遺憾。

問：處處替人設想、為人奉獻的感情，真的能發生在朋友之間嗎？

答：我曾看過一個例子。有三個工人，都是木工，其中一個有太太和孩子，另外兩個都還沒有結婚。他們一同包工程賺錢，每次拆帳的時候，兩個單身的木工最後一定會講：「某某人，你有家、有太太和孩子，負擔比較重，我們多給你一些。」有太太的人則說：「我做的工跟你們是一樣的啊！」另外兩個就說：「你家裡人口比較多，我們人口少，所以應該幫你，沒有關係。」每次都是這樣。

這樣做，付出的人很有成就感，會覺得很快樂、很愉快；得到的人則會有一種感恩心，這就是友情的可貴之處。在這樣的友情裡，沒有痛苦，有的只是彼此之間的溫馨。

交友原則

問：有人因為被朋友傷害而不肯相信朋友，我們在交朋友的時候，有沒有什麼應該注意的事情和需要掌握的原則？

答：交朋友除了掌握友直、友諒、友多聞的原則之外，另外還有四點需要注意：

第一，要保護自己。與朋友互動的時候，不論新朋友或老朋友，我們必須要保護自己。如果忘了保護自己，可能會招來一些麻煩。

第二，要保護對方。也就是和對方交往時，不要有非分之想，想從對方身上得到不應該得到的好處或利益。我們與人做朋友時，應該想到能不能對他人有幫助，如果不能，至少不能冀望得到非分之物。無論是有形或無形的，都不應該有這種念頭。不佔人家的便宜，一方面是保護自己，另一方面也保護了對方。

第三，要保護雙方的家庭。不能因為我跟他交朋友，而使我的家人受到傷害，同時，也要保護他的家人不受到傷害，否則，可能有麻煩。

第四，不要讓社會受到傷害。我跟他做朋友是我們兩個人的事，假如越軌了，超越了界線和名分，就可能造成社會的損失，而要付出代價。

掌握住這四個原則，交朋友就無往而不利了。

常聽人說：「知人知面不知心。」有的朋友在剛相處時，表現得非常忠誠、坦白且熱心，彼此很容易就熟絡了，於是，就把保護自己的防線，一道一道全部拆掉，對朋友推心置腹，沒想到對方卻進攻你的弱點，讓你完全沒有招架的餘地。當然，我們不是把每個人都當成小人，但要切記，人性隨時都會變，今天沒有變，說不定哪天遇到了大刺激、大誘惑就會改變。

什麼是大誘惑？像財產的誘惑、名利的誘惑、地位的誘惑，還有情感的誘惑。遇到這種大誘惑時，人通常都不容易把持得住，所以我們必須要有防線。這種防線對佛教徒而言，就是「戒」，持戒的時候就不會超越應該遵守的防線，超過界線就表示有危險了。

所以，宗教會教我們哪些事不能做，如果你做了不應該做的事，那就是超過防線，一旦沒有了防線，就會有危險，更會發生意外。

意外的發生，往往都是沒有維護好自己的防線，失去了保護自己的措施，缺乏危機意識，因此，會造成很大的困擾，甚至危害到生命安全。

問：古諺云：「君子之交淡如水，小人之交甜如蜜。」這是指什麼呢？

答：「君子之交淡如水」的意思，就是彼此不要要求太多，不要想從對方得到什麼回饋，或者是妄想不應該得到的財、物、名、利等。

交朋友是為了彼此互相幫助，但幫助別人之後不要老想著對方會如何報答，或是想連本帶利多得到一些回饋，如果有這種念頭，那就是小人之交而不是君子之交了，因為小人多半著重眼前的利益。

如果做了朋友以後，整天膩在一起吃喝嫖賭，甚至勾結起來做壞事，表面上看起來彼此似乎頗有義氣，兩肋插刀也在所不惜，但這樣的交往，也是屬於「小人之交甜如蜜」，對雙方都沒有幫助。

「君子之交」是分得清清楚楚，你是你、我是我，錢財方面也分得很清楚。做朋友不能老是想著佔別人的便宜，或者只有某一方一廂情願的付出，如果是這樣，一定無法長久交往，因為其中存在了利害關係，而不是真誠相待。

問：常聽人說：「朋友有通財之義。」朋友除了精神上的支持，若涉及金錢往來，會不會危害兩人的友誼呢？

答：朋友有通財之義是對的，譬如你有一億元，我卻窮得不得了，而且還負債幾十萬元，極可能吃上官司，得去坐牢。既然我們兩個是朋友，你又有一億的財產，拿幾十萬元出來協助我還債，對你來講不過是九牛一毛，而且還可以免除我的牢獄之災，何樂而不為？你代替我還掉債務，而且以後也不要我還這筆錢，這就是「通財之義」裡所說的「財」。

「通財之義」是指絕對的付出，並且不再希望得到回饋，也不希望能夠回收，更不會當作利益的交換。但是在付出時，一定要考慮，自己有沒有這個能力，否則本來只是一個人的債務，卻又拖累了另外一個人，這是不理智的。

問：幫助朋友是否應該量力而為呢？

答：幫助朋友固然是應該的，但前提是不能忽略了自身的安全。如果連自己都沒辦法保護好，就算是幫對方忙，但真的是幫到了嗎？

譬如朋友不小心落水，因一時情急，忘了自己其實並不很會游泳，卻又下水救人，此時極可能也讓自己陷於危險中，結果變成愈幫愈忙；或是為了救人，千方百計救了別人，自己卻沒有辦法上岸，甚至失去了生命。

乍看之下好像很有義氣，可是自己因為朋友而犧牲，家人也連帶著被犧牲，社會也付出了代價。這種做法是不理智的，採取的行動最好能面面俱到，才有智慧。

問：即使是交情再好的朋友，彼此之間有些事是否仍然不容踰越？

答：我們都知道引狼入室是很可怕的，對於朋友，尤其是知心的朋友，要維持淡如水的關係，也就是要有防線。這是一種禮貌和尊重，無論我們的交情有多好，如果越過了界線，再要好的朋友極可能從此不相往來。

我聽說現在社會上有換妻、換夫的事情，這不但不合乎倫理，也是非常危險的事，甚至會動搖了家庭的根本。

網路交友停看聽

問：網路為大家的生活帶來很多便利，例如上網查資料、購物已成為生活中習以為常的事，近來網路交友也大為流行，法師對網路交友抱持什麼看法？

答：網路是時代的新趨勢，有這樣的工具，交朋友就不一定需要外出，只要打開電腦就可以在網路上找朋友了。

這幫了很多人的忙，因為有些人生性害羞，不擅於言辭，見了陌生人就說不出話來，以致交不到朋友。網路上就沒有這重障礙，彼此透過網路交談，什麼話都可以講，講出來也不怕對方笑，如果認為對方不好，還可以另外再找。

但在網路上交朋友，應該掌握幾個原則，否則也可能會使自己受到傷害，或是傷害他人。

第一個原則，一般對於網友的認識，是從他貼在網路上的文字或照片來瞭解，但其中的真實性卻無從得知。只能從文字上看到他是這樣的人，但在文字背後究竟是什麼樣並不清楚。

這就好像我們之間隔了一道牆，你在牆的那一邊，我在牆的這一邊，兩個人透過電話聊天。聊天時的聲音可能是裝出來的，就像在電影上看到的口技表演，可以裝女孩的聲音、男孩的聲音、老太太的聲音、老頭子的聲音。因此，即便聽到的是男性聲音，或是從文字知道對方對某件事的看法是採男性觀點，並不表示這個人就是男性，他的年齡、背景也不一定如同所看到的文字。若能意識到這一點，第一道防線已經有了。

第二個原則，不要把自己的事情都告訴對方，既然不知道對方是什麼樣的人，對自己的事當然要有所保留。尤其是個人的資料，譬如年齡、地址、家庭成員、家裡的狀況等，不需要一五一十的告訴對方，這是很危險的。因為，說不定他是個慣犯，專門從網路上找對象下手。

我們在網路上一定要會保護自己，對於個人資料持保留態度。但如果是針對某個問題彼此交換意見，就不受這個限制，還是可以彼此談一談不同的想法。

問：與網友愈談愈投機之後，也許會興起見面的衝動，這時又該注意什麼呢？

答：當我們在網路上談得很投機，或許會幻想與對方交往，甚至成為終生的伴侶，此時就會有想要見面的欲望。

如果彼此約好會面，我想最好有家人或朋友陪同，千萬不要一開始就是兩個人單獨碰面。假設對方是男孩子，要請男性的親友陪你去，對方看你帶了同伴來，本來想做壞事也就不敢亂來，這樣會比較安全，而且如果有人陪伴，還可以一起觀察。若覺得這個人沒有什麼不好，可以請他介紹幾個朋友一起來談談，這樣的場合也比較不會有什麼壞事情發生。

如果進展到兩個人單獨約會，那就得好好考慮，以免發生令人遺憾的事，尤其現在網路犯罪的事件很多，一定要小心避免掉入對方的圈套。要預防意外的發生，除了觀察他個人之外，還要瞭解他的家庭背景、與家人的互動情形，在各方面都有所瞭解之後，才能夠談到兩個人的愛情。雖然你心裡早已十分傾慕，也不要馬上就投入太多感情，這是很危險的。

現代的年輕人常講求快速，吃東西要吃速食，交友也很吝惜時間。但交朋友需要長時間的培養，所謂「知人知面不知心」，即使短時間內他可以假裝、扮演得很好，但是時間一長，總會露出狐狸尾巴。

因此，我奉勸年輕人，在網路上找朋友，要有警覺性，要會保護自己，不要輕易相信對方。與對方互動的時候，要設立一道一道的防線，千萬不要心急。

調和人生的**愛情**

愛情的本質

問：愛情對世間男女來說，有多重要？請法師談談感情對人類的影響。

答：人有兩種本能，一種是飲食，另外一種是性，也就是指兩性的互動、親密關係。除了像我這樣的出家人不需要第二種本能以外，所有的在家人、凡夫眾生，生活上都不能缺少這兩項。

一般人缺少了飲食就不能活，而如果缺少愛情，也就是兩性之間親密關係的話，人類不僅會面臨沒有後代的問題，心理上也會覺得空虛，生活上更會感到缺乏支持。因此，兩性之間的愛情，是與生俱來的。

人需要愛情，動物也一樣。不過，人和動物的愛情行為不太一樣。在動物界，我們可以看到情感專一的動物，譬如鴛鴦和雁鳥，牠們絕對不會混亂，也不會有亂倫的行為，就是從一而終。

人就比較複雜了！有些人的兩性關係非常專一，有些則非常混亂。在古代社會，人們非常重視愛情專一，對於專情的女子，稱為「貞節烈女」，但到了近代，似乎已經不再重視了。雖然社會上仍鼓吹彼此之間要相親相愛，但漸漸的大家對感情的態度就變得比較淡，對愛情也沒這麼認真了。

人的感情比較脆弱，要做到從一而終並不容易，不像某些動物只認對象，一旦認定了對象，就不會改變；人則不然，只要一發生問題，如太太死了可以續絃，先生死了可以改嫁，甚至於對方都還健在的時候，依然可以離婚、再婚，甚至發生婚外情。

元曲中有「問世間情為何物，直教人生死相許」的感懷，這是鼓勵從一而終的感情。此外，還有「生同羅帳死同穴」，意思是如果對方死了自己也不會變異，像這種愛情就非常堅固。

有的人在丈夫過世以後，絕對不再嫁，有的人在太太死了以後也不再娶，像這樣的忠誠好像很值得讚歎，可是現在的人又覺得似乎沒有這個必要！人已經死了，為什麼一定還要為他守著，那麼痛苦做什麼？另外再找一個伴，不是很好嗎？所以，我想這是值得討論的問題。

問：感情和情緒是一樣的嗎？

答：情感是人的本能，也是情緒的一部分。情緒是一種連續的狀態，如果僅是一個念頭，不能叫做情緒。情緒是持續性的、有波動的情感狀態，而比較穩定的，不是那麼起起伏伏的則稱為「感情」。

人與人之間的愛情，或是親情、友情，都是屬於感情的層次。感情不會有很大的波動，也不會有那麼多的不舒服、不快樂，它不是痛苦，而是一種力量，讓自己生存下去的一種動力，也是一種助緣。

問：真正的愛情，應該是什麼樣子？

答：愛能夠持久、穩定，那非常好，就好像一個人的生命之中有了潤滑劑，不僅調劑了生活，也覺得生命很有意義。彼此之間就是我為了你、你為了我，無論發生什麼事，至少這世界上還有彼此，可以互相幫助、互相依靠，兩個人在一起很有安全感。

所以，愛情對人來說是非常好的，但是如果愛到了天昏地暗的地步，除了愛情什麼都不管了，這樣是愚癡，不叫愛情，我認為那是發瘋、發狂。

有些人重現實，只顧當下的感受，放任這些感受超越彼此之間的藩籬，不管年齡、貧富，也不管美醜或性格是否相投相契，只知道彼此相愛。這樣的感情是禁不起時間考驗的，當時間一長，就會發現彼此的差距，此時就發生問題了。

所以，談戀愛最好年齡還是能夠相近、身心狀況相似，彼此的智能也不要差距太大。這裡所謂的「智能」並不一定是指知識或學問，而是彼此在人格、性格方面能相處。現代人的愛情很難持久，很難平衡穩定，然而，真正的愛情應該是持久的、平穩的，彼此的互動應該是沒有阻礙的。雖然想要做到這樣真的比較不容易，但這才是真正的愛情。

問：很多人相信「緣定三生」的宿命論，請教法師對此看法？

答：一般人因為小說看多了，才會相信小說裡面講的「緣定三生」，男女之間因為彼此相愛，便覺得這是因為有緣。但若要清楚的講「緣」是什麼？沒有人說得清楚。有人認為，彼此在過去世曾經結過婚，所以這一生還要在一起生活，並且約定以後還要繼續做夫妻。包括過去生、現在生、未來生，即所謂的「緣定三生」。

佛教認為，「緣」並不僅限於男女的關係，凡是人與人相處，無論跟誰接觸，都是因為在過去生曾經結過緣，有的是結善緣，有的是結惡緣。如果結過善緣，就是做朋友、家人，或者成為夫妻；如果結惡緣，就變成仇人，互相的傷害，冤冤相報、冤家路窄，一樣會再見面。

緣，有時是偶然間接觸便會產生，有時則需要慢慢培養。偶然接觸的緣分，就是所謂的「一見鍾情」。可是，有些「一見鍾情」也滿奇怪，譬如兩個人見面，一個人產生了單方面的鍾情，但另外一方並不希望跟他做朋友，又該怎麼解釋呢？這就是單獨的、個人的一種情緒和感受。或許是他個人正好處於空虛的狀態，偶然間看到某個人，就想把自己和對方湊合在一起。這種情況，可能過去根本沒有結緣，就因為這一次相遇，而產生了這樣的緣分。

所以男女見面或者相愛，可能是過去某一世曾經接觸過，產生過友誼或是愛情，在這一生又遇到了。但是，也可能過去根本沒有相遇過，而這一生有因緣認識，並發生了愛情。至於來生是不是還一定能夠在一起？機會其實是非常渺茫。

我們在一生中接觸到的人或事相當複雜，所以來生是不是還能生活在同一個世界，還能碰得到面，而且又能結婚，要發生這種「三世因緣」的機會，是很難的。

另外還有一種可能，就是這一生曾經結了緣，在未來的某一生還會碰面！而男女彼此在一起，除非相處的時間很短，才會只有甜蜜和恩愛，沒有怨恨，否則，夫妻之間從結婚到老死，能白首偕老從來不吵架、不做怨家的，真的很少。

問：現代社會發生「一夜情」的情形屢見不鮮，這樣的關係，也是愛情嗎？

答：一夜情裡沒有愛情，只有刺激和情緒。有些人因為寂寞，不知道怎麼尋求安慰，所以去找一夜情。在過去，因為紅燈戶很多，可以去找娼妓，現在這樣的場所不多了，因此就產生所謂的網交、一夜情之類的情形。

一夜情是指兩個人見面以後，彼此覺得順眼，就在一起了，甚至連姓名都不知道，只要彼此的需要獲得滿足，然後就離開。像這樣的關係，能說是速食的愛情嗎？這裡面其實沒有真正的愛情，只有情緒的發洩和一時情感上的滿足，所以並不值得鼓勵。

如果一夜情真的是這樣，那尋求一夜情的人應該很痛苦，並不快樂。因為這種關係不穩定、不持久，也沒有安全感，只是在肉體上尋找刺激、安慰，這根本談不上愛情，那這種感情還要它做什麼？

愛情中的苦

問：現實生活裡，常見到人們因感情不順遂，而激動得賠上自己的生命，或是做出傷害對方的事，足見感情影響人心之鉅！要怎麼面對與處理感情的問題呢？

答：如果雙方的愛情經營得很好，怎麼可能會尋死求活的？除非像梁山伯與祝英台、羅密歐與茱麗葉，因為家族問題、社會習俗或信仰問題，使得男女雙方沒有辦法結合。除此以外，不可能只是因為單方面的問題。

當一方產生了感情的變化，另一方沒有辦法面對並接受這樣的事實，而以殉情來威脅對方，或是原本雙方都覺得非卿莫娶、非君不嫁，感情已經好到一定程度，結果一方卻變心了，那麼還要癡癡的等待嗎？如果真是這樣，就是愚癡了！此時，應該回過頭來平心靜氣地想一想，對方變心，表示他用情不專，既然如此，若還非他不可，那豈不是傻瓜嗎？應該趕快懸崖勒馬、回頭是岸，另找方向和出路。唯有放下，自己和對方才有生路。

人與人之間的相處，如果對方不願意接受感情，不能用強迫的方式要求，那是不尊重對方，更不用說以生命來威脅，這是非常不理智的。所以，當陷在感情裡很深、很痛苦的時候，要趕快用理性、用智慧來處理。

人們欣賞悲劇的愛情故事，是因為在現實的生活中得不到這種愛情，與自己的配偶沒有這麼甜蜜，不像舞台上的主角一樣，能擁有這麼令人稱羨的愛情。這是一種移情作用，想像自己的對象也這麼俊美，自己也能夠享受美好的愛情。但是像這樣悲慘的結局，有人想要嗎？我相信沒有人願意。

問：人們對愛情的渴望，常常成為詩詞、小說、戲劇、繪畫等藝術創作的靈感來源，但我們是否該避免一直處於那種情境當中？

答：這些藝術創作只能當成生活的調劑。譬如我們常會覺得自己的生活非常枯燥，現實生活中的愛情太過穩定，沒有起伏，也缺乏刺激感，時間久了感覺變淡，覺得沒有什麼意思！因此藉由創作或是欣賞文學作品、戲劇表演等，替自己的生活增添一些調劑，這是一種娛樂、享受。

在戲院裡流眼淚流得很過癮，流完以後也覺得男女主角好可憐，希望自己不要變成這樣子。看表演除了可以得到一些心靈上的洗滌，也可能將一些隱藏的情緒發洩出去，譬如自己身世中某些很私密的事，或是自己內心的創傷，都可藉由觀賞這些表演，得到一些宣洩的滿足和安慰。但是除此之外，其他的就不用想太多了。

愛情也可修行

問：在學佛修行的路上，若能有人一起學習，分享甘露法喜，就能更堅定信心。請教法師，夫妻也能成為一起用功的朋友嗎？

答：以佛教來說，稱一起修行的朋友為道侶、道友、同修。「道」是要求自己的身心和語言，朝著修行的方向去做，也就是鼓勵我們增長智慧和慈悲，讓自己少煩惱，對他人要慈悲、幫助。

一個佛教的修行人如果沒有道侶，修行起來不容易得力，因此我們必須要有「同參道友」。同參的「參」，是參學、參禪的意思，也就是尋師訪道最好有同伴，這樣才可以互相切磋、琢磨和勉勵。

若是夫妻一同學佛，則鼓勵他們互稱「師兄」、「師姊」，這是為了強化夫妻之間的關係。兩人因為感情的基礎互為配偶，又因共同的信仰互為道侶，如此一來，家庭的基礎一定非常穩固，也因為多了一層道侶的關係，彼此相處時，摩擦就能減少了。

問：佛教團體裡能夠談感情嗎？

答：佛法裡講「情」，是指「有情眾生」，肯定眾生是有情的。「情」包括親情、愛情、友情，並希望提昇成為道情，就是從道心上互相的幫助。譬如，在僧團裡是不可能有愛情的，也不特別強調彼此之間做好朋友、建立友情。我們重視的是道情，彼此之間是「同修的菩薩」，即共同修持菩薩道的道侶。

道侶之間的感情是純粹的、清淨的，不會有你依賴我、我依賴你的問題，但是彼此之間會互相幫助、勉勵，或是在修行上、方法上互相切磋，討論如何不起煩惱，有慈悲心、智慧心、菩提心，以及道心，讓彼此成為助緣。

所謂菩提心就是道心，是以慈悲心待人；出離心的意思，即是不被煩惱所困擾。看到有人煩惱的時候，馬上用佛法來幫助他，一方面用觀念開導他，另一方面提醒他用方法。這樣彼此之間的互動非常密切，但是沒有愛情，只有道情。

道情是最安定、最安全，也是最快樂的，沒有一點牽掛。

走在婚姻的道路

問：有質感的愛情一定要常常在一起嗎？

答：如果兩個人感情很好，好到恨不得合而為一，到了這種程度其實是滿痛苦的，因為老是陷在戀愛的情緒中，總是放不下對方，念念都想著對方，結果可能會變得沒有思緒來做應該做的事。

真正好的夫妻，也就是好的愛情，是要「君子之交淡如水」。「君子之交」是彼此之間彷彿淡淡的，不那麼親密，可是在必要的時候，又可以互相幫助、學習、體諒和鼓勵，像這樣，無論是朋友也好，友情、愛情也好，都非常有質感。

如果夫妻兩個人老是黏在一起，你捨不得我、我捨不得你，恨不得時時刻刻都在一起，這樣的生活會快樂嗎？一定很痛苦！先生在外面工作還在想著太太，而太太在家裡做事也在想著先生，幾乎不能正常生活了。

問：有的人太強求完美的配偶關係，搞得自己和對方都處在痛苦中。請問法師，這世界上有真正完美的婚姻或愛情嗎？

答：圓滿的愛情是自己在扮演某個角色的時候，就專心把那個角色扮演好。這叫做「假戲真作」、「真戲假看」。意思是說，儘管認為自己身處在非常真實的環境中，但也要把這一切看成是因緣和合，聚散都有其因緣。自己在這一段時間、這個環境裡只是其中的一個角色，把自己的角色扮演好，就是真戲。

要演好真的戲，但是又要把它當成假的來看，反過來說，也就是假戲真作。

男女之間夫妻一場，同床異夢是正常的，夫妻兩個人各有各的性格，甚至兩人的喜好、朋友、人際關係沒有交集，也都很正常。自己是對方的配偶，就把配偶的角色扮演好，至於對方的角色能不能做得很好，就不要太在乎，因為這是假戲，是演的戲。

夫妻在一起，像是在演戲，只不過自己在這場戲裡是愛著對方的。既然愛對方就要奉獻給對方，把自己的角色扮演好，至於對方做不做得好，那是他的事，自己不要受影響。如果對方做得不好，可以規勸他，他若願意聽，那很好，要是他不聽，那也沒有辦法。

每一個人都是獨立的個體，所做的事情和得到的後果，都必須由自己承擔。千萬不要認為已經是夫妻，就一定要綁在一起，若對方不順從自己就不快樂。其實不需要這麼想，因為他是他，你是你，雖然是夫妻，卻還是各自獨立的兩個人。

如果能以這樣的觀念與態度來看待親密關係，愛情並不是一樁苦事，完美的婚姻就會存在。

問：男性所結交的異性朋友，美其名為「紅粉知己」，在現代的社會環境下，男性可不可以有「紅粉知己」？

答：如果想要求妻子包容丈夫的紅粉知己，我就要反問做丈夫的：「能不能包容自己的妻子也有男性朋友呢？」

在中國的舊社會裡有所謂的「名仕」階級，說穿了就是自命風流的人。名仕們與交際場合的女人交往，其中有些是才女，能夠和名仕們談論風花雪月、琴棋書畫，因此就變成了名仕們的紅粉知己。

而待在家裡的太太每天忙於柴米油鹽，主要的工作就是照顧公婆、孩子，也要和叔伯、姑嫂、妯娌等相處，根本沒有時間和先生談論這些空洞的、閒情逸致的話題。而先生在工作之餘不用管家庭瑣事，就可以外出結交一些女性朋友，相處時只是吟詩作對，當然覺得很快樂，覺得她們好像是知音，而跟家裡的太太只是對牛彈琴。

現在已經進入二十一世紀，兩性的地位愈來愈平等，朋友就是朋友、家人就是家人，分際一定要拿捏得好。如果對方有家庭，你佔用了她的時間、感情和關心，而這些是從她的先生、孩子那邊分出來的，這就傷害了對方家人的利益，是不好的。即使對方是單身，雖然沒有傷害到她的家庭，但也是對自己的太太不忠。

問：每個人都要對感情、家庭、生命負責，不能找藉口讓感情出軌合理化。已婚者是否絕對不能與異性交往呢？

答：男女關係中是不是能保持純友誼？我想應該可以，譬如公司裡的同事，社交場合、商場中的朋友，學術文化活動的同好等。參加這些活動，一定會遇到不同的異性，彼此因認識的場合不同，而談論文學、商業、藝術等不同的話題，但關係僅止於切磋學習、交換心得，並沒有論及感情。

因為一旦投入感情，就會傷害對方和自己的配偶。若心裡老是胡思亂想，不但造成自己的煩惱、負擔，甚至會帶來困擾。所以我奉勸有家庭的人，可以結交各種不同領域的朋友，但不能踰越朋友的分際。

問：女性在婚後為了家庭付出許多的時間和精神，而與婚前的朋友失去聯絡。反觀男性，婚後照樣交際應酬，甚至因此冷落了家人。關於這點，法師能給點建議嗎？

答：首先要說明的，還是要保護自己和家庭，否則朋友就成為破壞家庭的元兇，所以和朋友交往要適可而止。

結婚以前的朋友，可能經常在一起互相關心，好像一家人似的。但是既然結了婚有了家庭，還是要以家庭為主。

當然，朋友有事還是要給對方溫暖、安慰，雖然不能常見面，可以在特別的日子，譬如朋友生日的時候，送他一束花、小禮物，或打電話、寫張簡單的卡片祝福他，讓朋友覺得很溫馨，知道你並沒有忘記他。

婚前喜歡和朋友聚在一起看電影、打牌、釣魚、喝酒，主要是為了消磨時間，但是結婚後，已經沒有多餘的時間去做這些事了。或許沒有結婚的朋友還是會找你一起玩，你也因為不好意思拒絕，而常跟朋友們耗在一起。這樣一來，極可能影響你的家庭關係，所以，要把持好自己的原則，好好向朋友解釋。如果朋友仍不諒解，我想這樣的朋友不交也罷，因為他是損友，而不是益友。

婚前與朋友互相幫忙，結婚以後若朋友需要支援，仍然可以量力而為，甚至說服配偶一起協助，那他就變成夫婦共同的朋友了。這樣比較不會有問題，否則自己忙著照顧朋友，對家裡的照應相對減少，那對家庭來說是損失的，極可能引起家人的不滿。

幫助朋友的時候要分辨什麼是重要、什麼是需要、什麼是想要，看看朋友是需要你的幫助，還是想要你的陪伴。如果只是想要，而不是需要，就算不去，他也不會有什麼損失，那就沒有非去不可的理由。

問：既然沒有不做怨家的婚姻，那麼在婚姻中遇到衝突和不愉快時，應該怎麼處理？

答：大部分的婚姻都是在恩恩怨怨之間，你讓我、我讓你，你傷害我、我傷害你，但是為了家庭、孩子或是自己的面子，還是維持著婚姻。一直到老了以後，吵架的機會才會減少，這是因為年紀已經老了，沒什麼好堅持、沒什麼好吵的了。年輕的時候不吵架、不埋怨，不在背後說壞話，那是很難。

因此，夫妻之間並不完全都是好的感情，也有不好的感情，生活在一起也是會有情緒。譬如在愛情裡彼此會想要佔有對方，有佔有的欲望就會有妒嫉。妒嫉不一定是因為感情裡出現了第三者，有時對方才能比自己好，或某方面表現得很出風頭，都會引發妒嫉心。

除了妒嫉，有時還會有自卑。跟對方相處的時候，感覺自己什麼都不如他，或是對另一半有意無意的露出驕傲、傲慢的態度，傷害了對方的自尊等，類似的傷害在婚姻裡滿多的，但是為了種種原因，都容忍下來了。凡此種種，足以說明在愛情的過程之中，還是會有情緒。

無論是汽車或是機器，都需要潤滑油，而感情就是人與人之間的潤滑油。此外，人跟物之間也有感情，譬如說人和狗、貓等寵物之間，或是花草、樹木，只要因喜歡某些東西而想跟它相處，這都是感情！這種感情比較持續、穩定，是支撐生命的一種力量，這也是很好的一種調劑。

沒有感情生活的人，是非常枯燥的。太理性的人什麼都講道理，一副冷冰冰的樣子，跟這種人相處很不舒服。反之，人與人相處時，若覺得自己讓一點沒關係、吃點虧沒關係，因為我喜歡他、我愛他，所以願意為對方奉獻，為對方多吃一點虧，也願意為對方多承擔一些，這就是一種互助、互補。夫妻之間是這樣，親子之間是這樣，甚至於朋友之間也是這樣，那麼，我們與人之間的相處，便不致產生惱人的情緒了。

問：現在的離婚率很高，許多原因是外遇造成的，人在遇到感情被破壞的時候，情緒會很激動，請問法師有什麼建議？

答：夫妻或情侶雖然在一起，但還是兩個獨立的個體，各有各的人際關係，但是，無論是哪一方，仍應盡自己該盡的責任。做妻子的應該盡到妻子的責任，做先生的也應該盡到先生的責任，以維繫雙方共同建立的家庭。

無論是太太或先生，當遇到對方變心的時候，只要自己的心不變、情緒不受影響，家庭還是溫暖的，就還可以維持。如果老是懷疑，不信任對方，家庭就會因此而破碎。只要盡到自己的責任，家庭破碎的狀況就會比較少一些。

如果另一半真有了外遇，故意想辦法和你過不去，要你過得不快樂，此時若提出離婚，那是讓他正中下懷。如果你覺得自己還喜歡這段婚姻，還要這段婚姻的話，就必須堅持下去，不要輕易說離婚，否則，吃虧的還是自己。

問：感情的出軌是婚姻中難以忍受的背叛行為，一般人外遇的心態為何？

答：外遇這種事並不是現代才有，無論古今中外皆有。一個男人有了一點錢，身體還不錯，就希望能夠娶小老婆。過去的法律和社會或許還允許男人娶小老婆，現在的元配則可以告丈夫和外遇的女子，這樣一來，外遇只好偷偷摸摸進行，變成金屋藏嬌，或是包二奶，反正把人藏在大陸不在台灣，太太也看不到！

這些在感情上出軌的人，他覺得只有一個老婆太枯燥了，每天面對同樣一個女人沒有新鮮感，因此想要找刺激。可是他也不想去嫖妓，於是在外面包養女人。包下一個人一段時間後還可能再換另一個人，像這樣子的行為是完全沒有愛情的，只是金錢上的買賣，除了身體欲望的滿足以外，就沒有其他的了。

兩個人彼此交換條件，女方要求得到的是金錢、物質的回饋，男方要求的則是她的身體，兩個人要的都是物欲。

陷在物欲之中是最痛苦的事，還要偷偷摸摸的怕人家知道，怕太太知道，怕朋友知道，也怕媒體知道，其實這樣過得並不快樂。

問：親密關係裡有時也會發生暴力，當其中一人身心出了狀況，甜蜜的愛情就成了惡緣，令人極欲擺脫，這麼做是對的嗎？

答：說到愛情的暴力事件，應該要探究兩個人的心理狀態、人際關係，以及身體的健康狀況，看看究竟是什麼原因造成暴力？有的是男方施行暴力，有的女方也會施暴。暴力不會突然產生，一定是有原因的，把原因找出來處理掉比較好，否則老是單純的認為暴力很可惡，這也不對。

舉例來說，有一位七十來歲的老先生老是毆打太太，把太太打得遍體鱗傷，甚至腿都打斷了，傷得很嚴重。後來老太太被女兒救出來送到醫院，傷勢醫好以後不願意回家，就在我們的道場裡住了一段時間。

他們跟我說那位老先生很可惡，是個魔，要是跟他在一起，他可能會殺人。我問這究竟是什麼原因啊？這麼大年紀的人了，為什麼還會把老婆打成這個樣子？我請他們把他帶來見我，他們都很擔心，說：「師父，他會打你！」我說：「他打老太太，不會打老和尚的，把他找來讓我看一看！」

後來他們帶老先生來了，老先生一見到我就跪下說：「全家的人都欺負我，他們都不照顧我，都冷落我，我實在是恐懼啊，我因為害怕，所以沒有辦法不打他們！」他說因為大家都遠離他，讓他產生失落感，所以覺得很恐懼、很沒有安全感。但為什麼大家都遠離他？是因為他不能控制情緒，所以他的家庭暴力就愈演愈烈。

後來我告訴他們，這個老先生是病了，要趕快送到醫院去看病，他的身體裡缺少了什麼東西，可能不是一、兩天就能治好，你們要好好的照顧，不要怕他。只要照顧他、安慰他、體貼他，讓他有安全感以後，就不會再打人了。後來醫生給老先生做藥物治療，而他因為一方面吃鎮靜劑，一方面家人對他的態度改變，從此就不再打人了。雖然有時仍缺乏安全感，但經由家人的安慰、鼓勵，情況就好轉了。

像這個例子，是因為生理上出了問題，才會影響到心理，而產生了暴力行為；有的人則是因為事業或人際關係發生問題，在外面沒有辦法應對，心理不平衡，回到家後又找不到適當的發洩管道，因此只要刺激到他，就會以暴力來發洩。這時，如果不刺激他，而是用安慰、體貼的方式來對待，暴力可能就會少了。

國家圖書館出版品預行編目資料

覺情書：聖嚴法師談世間情 / 聖嚴法師著. --
初版. -- 臺北市：法鼓文化, 民97.03
面；　公分. --（人間淨土；17）

ISBN 978-957-598-425-0(平裝)

1.佛教修持 2.感情 3.生活指導

225.87　　　　　　　97002873

人間淨土 17

覺情書——聖嚴法師談世間情

法鼓文化

著者／聖嚴法師
出版／法鼓文化
總監／釋果賢
總編輯／陳重光
編輯／李金瑛
封面設計／李俊輝
地址／臺北市北投區公館路186號5樓
電話／(02)2893-4646　傳真／(02)2896-0731
網址／http：//www.ddc.com.tw
E-mail／market@ddc.com.tw
讀者服務專線／(02)2896-1600
初版一刷／2008年4月
初版十一刷／2021年12月
建議售價／新臺幣180元
郵撥帳號／50013371
戶名／財團法人法鼓山文教基金會－法鼓文化
北美經銷處／紐約東初禪寺
Chan Meditation Center (New York, USA)
Tel／(718)592-6593　Fax／(718)592-0717